“十三五”高职高专会计专业工学结合规划教材

成本会计实务

主　编　王鸿雁　王　瑶　赵占莲

副主编　体　盈　张小靓

中国财富出版社

图书在版编目（CIP）数据

成本会计实务 / 王鸿雁，王瑶，赵占莲主编. —北京：中国财富出版社，2018. 11
（"十三五"高职高专会计专业工学结合规划教材）
ISBN 978 - 7 - 5047 - 6795 - 0

Ⅰ. ①成…　Ⅱ. ①王…　②王…　③赵…　Ⅲ. ①成本会计—会计实务—高等职业教育—教材　Ⅳ. ①F234. 2

中国版本图书馆 CIP 数据核字（2018）第 260352 号

策划编辑　谷秀莉　　责任编辑　戴海林　沈安琪
责任印制　尚立业　　责任校对　孙会香　卓闪闪　　责任发行　王新业

出版发行　中国财富出版社
社　　址　北京市丰台区南四环西路 188 号 5 区 20 楼　　邮政编码　100070
电　　话　010 - 52227588 转 2048/2028（发行部）　　010 - 52227588 转 321（总编室）
010 - 52227588 转 100（读者服务部）　　010 - 52227588 转 305（质检部）
网　　址　http://www. cfpress. com. cn
经　　销　新华书店
印　　刷　北京京都六环印刷厂
书　　号　ISBN 978 - 7 - 5047 - 6795 - 0/F · 2968
开　　本　787mm × 1092mm　1/16　　版　　次　2019 年 2 月第 1 版
印　　张　14. 25　　印　　次　2019 年 2 月第 1 次印刷
字　　数　287 千字　　定　　价　42. 00 元

前　言

本书根据高职高专财经类专业人才培养目标的需要，结合高职学生的认知特点进行编写，内容由浅入深，由易到难。本书立足职业岗位对会计业务知识的需要，以培养能力为本。

本书详细讲解了成本会计的基础知识，循序渐进，注重各章之间的内在联系。各章内容既相互独立又相互结合，构成一个完整的现代成本管理体系。本书讲述了成本会计基本理论、基本方法及其应用，主要内容有成本基本理论和基本原理、成本核算的要求和一般程序、费用的归集和分配等。本书结构新颖，突出实用性和针对性，有利于学生分析问题、解决问题和动手能力的培养。

本书共包括七个项目，每个项目都精选了相关案例，希望学生通过讨论加深对成本会计各项内容和方法的理解，从而培养学生专业的思考能力和分析问题的能力。

本书由咸阳职业技术学院王鸿雁老师等担任主编，由该校体盈、张小靓老师担任副主编。具体分工如下：王鸿雁老师负责编写项目一、项目二，体盈老师编写项目三、项目四，张小靓老师编写项目五至项目七，全书由王鸿雁老师统稿。

本书可作为独立设置的高等职业技术学院、高等专科学校的会计专业、管理类专业的专业课教材，也可以作为经济管理人员、财会人员等实务工作者的自学参考用书。

本书在编写过程中吸纳了许多教师、学生的建议，得到了有关领导、专家的帮助和支持，在此谨向他们表示诚挚的谢意。鉴于编者水平有限，不足之处敬请读者批评指正。

编　者

2018 年 8 月

目　录

项目一　成本会计认知

职业能力目标

- 能够熟悉成本会计的概念
- 能够掌握成本会计的职能
- 能够掌握成本核算的要求，掌握成本核算的账户设置和一般程序

关键概念

成本　成本会计

结构导图

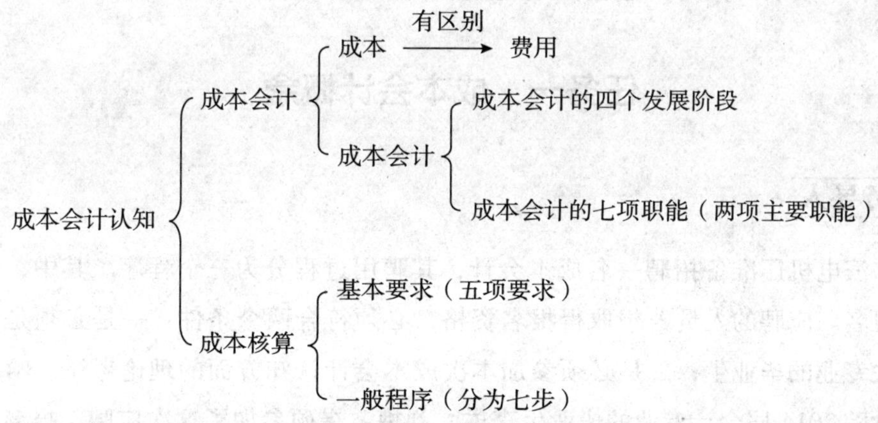

项目导入

你对世界零售巨头之一的美国沃尔玛有多少了解？它出身于草根，白手起家，属于劳动密集型企业，没有高科技外衣，为什么在我国零售企业面对市场激烈竞争而感到惴惴不安的时候，它却实现了自身的飞速发展，成为“零售业帝国”呢？原因有以

下几点：

一是超低的进货成本。沃尔玛的销售量很大，要想成为沃尔玛的供应商，赚沃尔玛的钱是很辛苦的。因为沃尔玛会绕过中间商直接跟生产商接触，会对生产商的资质、产品进行严格的考核；同时，沃尔玛会拼命地压低生产商的价格，使进货成本降到最低。

二是处处节俭，降低运营成本。沃尔玛的CEO（首席执行官）开的车只是一辆大众公司的甲壳虫，出差时他跟其他人合住一间客房。在沃尔玛办公大厅，随处可见“打17909长话可省钱”的提示；在采集样品的窗口，赫然写着“标签不可以做他用”的提醒；员工经常听到这样的提示“出去开会记住要把公司发的笔带回来，因为笔芯是可以更换的”……

请问：

沃尔玛成为“零售业帝国”的一个重要原因是什么？如果想成为沃尔玛的供应商，除了具备生产产品的资质和拥有优质的产品外，还应具备什么优势？

沃尔玛成为“零售业帝国”的一个重要原因是超低的进货和运营成本。如果想成为沃尔玛的供应商，除应具备生产资质和保证优质的产品质量外，另一个重要的因素是必须有足够的成本意识，降低产品成本。

因此，培养成本意识，做好成本核算工作，正确核算产品成本，是降低成本、决定企业生存和发展的关键，也是本项目应解决的关键问题。

任务一 成本会计概念

任务导入

哈尔滨电机厂准备招聘一名成本会计，其聘用过程分为三个程序。其中，第一个程序是报名。应聘的人员若想取得报名资格，必须符合两个条件：一是必须是高职会计或相关专业的毕业生；二是必须参加本次成本会计认知方面的理论考试。哈尔滨职业技术学院2014届会计专业的毕业生李琳、刘梅、崔硕参加了这次应聘。报名时，考核组成员在资格审查时向李琳提出了如下两个问题：

（1）企业发生的支出有哪些？它们是否都构成产品的成本？

（2）企业的产品成本由几部分构成？各是什么？

请问李琳应如何回答？

任务知识

一、成本

1. 成本的概念

不同的经济环境，不同的行业特点，使得成本有着丰富的内涵。但是，成本的经济内容归纳起来有两点是共同的：一是成本的形成是以某种目标为对象的，目标既可以是有形的产品或无形的产品，如新技术、新工艺，又可以是某种服务，如教育、卫生系统的服务目标；二是成本是为实现一定的目标而发生的耗费，没有目标的支出是一种损失，不能叫作成本。

因此，成本是指为了达到一定的目的（生产某种产品、完成某个项目或者做成某件事情）而消耗的各种资源总和的货币表现，是对象化的费用。

2. 成本与费用

费用是指企业在获取当期收入的过程中，对企业所拥有或控制的资产的耗费，是会计期间与收入相配比的成本。

成本与费用是一组既有紧密联系又有一定区别的概念。成本代表经济资源的牺牲，而费用是会计期间为获得收益而发生的成本。成本会计关注的是成本而不是费用。

二、成本会计

成本会计是财务会计与管理会计的混合物，是计算及提供成本信息的会计方法。它以货币作为主要量度，以会计核算和企业管理中的各项成本资料为依据，对企业生产经营活动中的成本进行预测、决策、控制、计算、分析和考核。其所提供的成本数据，往往被企业管理当局作为决策的依据或用于对企业内部管理人员进行业绩评价。

成本会计先后经历了早期成本会计、近代成本会计、现代成本会计和战略成本会计四个阶段。成本会计的方法和理论体系，随着发展阶段的不同而有所不同。

1. 早期成本会计阶段（1880—1920 年）

成本会计起源于英国，后来传入美国及其他国家。随着企业生产规模的进一步扩大，市场竞争日趋激烈，生产成本越来越得到企业普遍的重视。这个时期的成本会计是早期发展阶段。在这一阶段，成本会计在实务方面取得以下进展：

（1）建立了材料核算和管理办法。设立材料账户和材料卡片，标明“最高库存量”和“最低库存量”，以确保材料既能保证生产的需要，又可以节约使用资金；实行材料管理的“永续盘存制”，采取领料单制度控制材料耗用量。

（2）建立了工时记录和人工成本计算方法。对人工使用卡片记录工作时间和完成产量；将人工成本先按部门归集再分配给各种产品，以便控制和准确计算人工成本。

（3）确立了间接费用的分配方法。随着生产设备的大量增加，间接费用也快速增长，先后提出了按实际数额进行分配和按间接费用正常分配的理论。

（4）利用分批成本计算法和分步成本计算法计算产品成本。根据制造业的生产工艺特点，选择分批成本计算法计算产品成本或分步成本计算法计算产品成本。

（5）出现了专门的成本会计组织。1919 年，美国成立了全国成本会计师联合会；同年，英国也成立了成本和管理会计师协会。它们对成本会计进行了一系列的研究，为奠定成本会计的理论基础和完善成本会计方法做出了重大贡献。

2. 近代成本会计阶段（1921—1945 年）

成本会计的理论和方法在这一阶段得到了进一步的完善与发展，具体表现在以下方面：

（1）标准成本制度的实施。19 世纪末 20 世纪初，以泰勒为代表的“科学管理”思想，对成本会计的发展产生了深刻的影响。1906 年美国会计师 J. Whtmore（沃特莫尔）第一次提出“标准成本”概念，为生产过程成本控制提供了条件。标准成本制度实施后，成本会计不只是事后计算产品的生产成本和销售成本，还要事先制定成本标准，并据以控制日常生产消耗与定期分析成本。这样，成本会计增加了事前控制的新职能，形成了管理成本会计的雏形。它标志着成本会计已经进入一个新阶段。

（2）预算制度的完善。预算控制开始采用的是固定预算方法，即根据预算期间某一业务量确定相应的预算数。1928 年，美国一公司的会计师和工程师根据成本与产量的关系，设计了一种弹性预算方法，分别编制固定预算和弹性预算。这就使相关费用项目的实际数与预算数更具有可比性，而且使企业可以合理地控制不同属性的费用支出，便于有效地控制成本，也利于考核经营者的工作业绩。因此，弹性预算是近代成本会计的重大进步，也是节约间接费用的最好办法。

（3）成本会计的应用范围更广泛。在这一阶段，成本会计的应用范围从原来的工业企业扩大到各个行业，并深入应用到企业内部的各主要部门，特别是应用到企业经营的销售环节。在近代成本会计的后期，《工厂成本》《标准成本》等成本会计名著的出版，使成本会计具备了完整的理论和方法，形成了独立的成本会计学科。

3. 现代成本会计阶段（1945—1980 年）

第二次世界大战以后，科学技术迅速发展，生产自动化程度大大提高，产品更新速度加快，企业规模越来越大，跨国公司大量出现，市场竞争愈演愈烈。为了适应社会经济出现的新情况，考虑现代化生产的客观要求，提高管理的现代化，运筹学、系统工程和电子计算机等各种科学技术成就在成本会计中得到了广泛的应用，从而使成本会计发展到了一个新阶段，即成本会计发展的重点由如何事中控制成本、事后计算和分析成本转移到如何预测、决策和规划成本，形成了新型的注重管理的经营性成本会计。其主要表现有：

（1）开展成本预测与决策。为了控制成本，现代成本运用预测理论和方法，建立数字模型，对未来成本发展变动趋势进行估计和测算；运用决策理论和方法，依据成本预测资料，选取最优成本方案，做出正确的成本决策。变动成本法完成了成本性态的分析，将企业产品成本划分为变动成本和固定成本，对企业成本、业务量和利润之间各变量关系进行分析，有利于企业进行成本预测。

（2）实行目标成本管理。随着目标管理理论的应用，成本会计有了新的发展。产品设计前，按照客户所能接受的价格，确定产品售价和目标利润，然后确定目标成本管理，使成本会计与工程技术等有机结合，有助于企业形成产品品质和功能优化、成本降低的竞争优势。

（3）实施责任成本。1952 年美国会计学家倡导责任会计，提出建立成本中心、利润中心和投资中心相结合的会计制度，将成本目标进一步分解为各级责任单位的责任成本，进行责任成本核算，使成本控制更为有效。

（4）推行质量成本。随着全面质量管理的深入开展，到 20 世纪 60 年代，质量成本概念基本形成，并确定了质量成本项目，质量成本的计算和方法，扩大了成本会计的研究领域，促使企业在提高产品质量的同时，进一步注重质量成本的分析。

（5）实行作业成本管理。美国会计学家在 20 世纪 80 年代后期提出了作业成本法，即以作业为基础的成本计算制度，实行作业成本管理。作业成本法是一种真正具有创新意义的成本计算方法，它是适应当代高新科技制造环境而形成和发展起来的。

4. 战略成本会计阶段（1981 年以后）

20 世纪 80 年代以来，随着计算机技术的进步，生产方式的改变，产品生命周期的缩短，以及全球性竞争的加剧，产品成本结构与市场竞争模式大大改变。英国学者西蒙首先提出了战略成本管理。成本管理的视角由单纯的生产经营过程管理和注重股东财富，扩展到与顾客需求及利益直接相关的，包括产品设计和产品使用环节的产品生命周期管理，更加关注产品的顾客可察觉价值；同时，要求企业更加注重内部组织管理，尽可能地消除各种增加顾客价值的内耗，以获取市场竞争优势。此时，战略相关性成本管理信息已成为成本管理系统不可缺少的部分。

三、成本会计的职能

成本会计的职能，是指成本会计作为一种管理经济的活动，在生产经营过程中所能发挥的作用。现代成本会计与管理紧密结合，因此，它实际上包括了成本管理的各个环节。现代成本会计的主要职能有成本预测、成本决策、成本计划、成本控制、成本核算、成本分析和成本考核。

在成本会计的各个职能中，成本核算是最基本的职能，没有成本核算就没有成本会计。成本会计的各个职能是相互联系、互为条件的，并贯穿于企业生产经营活动的全过程，在全过程中发挥作用。

成本会计的主要职能可以概括为反映职能和监督职能，下面分别予以说明。

1. 反映职能

反映职能是成本会计的首要职能。成本会计的反映职能，就是从价值补偿的角度出发，反映生产经营过程中各种费用的支出，以及生产经营业务成本和期间费用等的形成情况，为经营管理提供各种成本信息的功能。就成本会计反映职能的最基本方面来说，是以已经发生的各种费用为依据，为经营管理提供真实的、可以验证的成本信息，从而使成本分析、成本考核等工作建立在有客观依据的基础上。随着社会生产的不断发展，经营规模的不断扩大，经济活动情况的日趋复杂，在成本管理上就需要加强计划性和预见性。因此，对成本会计提出了更高要求，需要通过成本会计为经营管理提供更多的信息，即除了要提供能反映成本现状的核算资料外，还要提供有关预测未来经济活动的成本信息资料，以便于正确地做出决策和采取措施，达到预期的目的。由此可见，成本会计的反映职能，从事后反映发展到了分析、预测未来。只有这样，才能满足经营管理的需要，才能更好地发挥其在经营管理中的作用。

应当指出的是，反映过去同预测未来是密切联系的。要进行成本预测，首先必须了解能够反映成本水平现状和历史的各项指标，以及它们之间的内在联系，这样才能据以分析未来的成本状况，以及为实现预期的成本管理目标准备相应的条件和措施。因此，对实际发生的生产经营耗费进行反映，提供实际的成本资料，是成本会计提供成本信息的基础。

2. 监督职能

成本会计的监督职能，是指按照一定的目的和要求，通过控制、调节、指导和考核等，监督各项生产经营耗费的合理性、合法性和有效性，以达到预期的成本管理目标的功能。

在社会主义市场经济中，任何企业为了达到自己预期的经营目标，不仅要制订计划、分配资源和组织计划的实施，而且必须进行有效的监督，以使各项经济活动符合有关规定的要求。成本会计的监督职能是会计监督的重要组成部分，是对经济活动进行监督的一个重要方面。

成本会计的监督，包括事前、事中和事后监督。首先，成本会计应从经济管理对降低成本、提高经济效益的要求出发，对企业未来经济活动的计划或方案进行审查，并提出合理化建议，从而发挥对经济活动的指导作用；在反映各种生产经营耗费的同时，进行事前监督，即以国家的有关政策、制度和企业的计划、预算及规定等为依据，对有关经济活动的合理性、合法性和有效性进行审查，限制或制止违反政策、制度和计划、预算的经济活动，支持和促进增产节约、增收节支的经济活动，以实现提高经济效益的目的。其次，成本会计要通过成本信息的反馈，进行事中、事后的监督，也就是通过对所提供的成本信息资料的检查分析，控制和考核有关经济活动，从中及时总结经验，发现问题，提出建议，促使有关方面采取措施，调整经济活动，使其按照规定的要求和预期的目标进行。

成本会计的反映和监督两大职能是辩证统一、相辅相成的。没有正确、及时的反映，监督就失去了存在的基础，就无法在成本管理中发挥制约、控制、指导和考核等作用；而只有进行有效的监督，才能使成本会计为管理提供真实可靠的信息资料，使反映的职能得以充分发挥。可见，只有把反映和监督两大职能有机地结合起来，才能更为有效地发挥成本会计在管理中的作用。

任务二　成本核算的一般程序及账户设置

任务导入

某企业根据自身业务特点，将“基本生产成本”和“辅助生产成本”直接作为一级科目来核算。请问，这种做法可以吗？有何依据？

任务知识

一、成本核算的基本要求

1. 严格执行国家规定的成本开支范围和费用开支标准

成本开支范围是国家根据成本的客观经济内涵、国家的分配方针和企业实行独立经济核算要求，为了加强成本管理、正确计算成本、防止乱摊费用，对计入产品成本的各项费用所作的统一规定。各企业必须严格遵守国家规定的成本开支范围，以保证成本计算的正确性、可比性。

按现行制度规定，应该计入产品成本的有下列各项：①生产经营过程中实际消耗的原材料、辅助材料、备品配件、外购半成品、燃料、动力、包装物的原价和运输、装卸、整理等费用；②企业直接从事产品生产人员的工资和提取的福利费；③生产车间用房屋建筑物和机器设备的折旧费、租赁费、修理费及低值易耗品的摊销费等；④其他为组织、管理生产活动而发生的制造费用。

企业发生的下列费用，不应计入产品成本：①企业为组织、管理生产经营活动所发生的管理费用、财务费用、销售费用；②购置和建造固定资产的支出、购入无形资产和其他资产的支出；③对外界的投资以及分配给投资者的利润；④被没收的财物以及违反法律而支付的各项滞纳金、罚款，以及企业自愿赞助、捐赠的支出；⑤在公积金、公益金中开支的支出；⑥国家法律、法规规定以外的各种付费；⑦国家规定不得列入产品成本的其他支出。

2. 正确划分各种费用界限

（1）正确划分计入产品成本与不计入产品成本的费用界限

企业的经济活动是多方面的，所发生费用的用途也是多方面的，其中，只有一部分费用可以计入产品成本：一般情况下，非生产经营活动的耗费不能计入产品成本，只有生产经营活动的成本才可能计入产品成本；另外，生产经营活动的成本分为正常的成本和非正常的成本，只有正常的生产经营活动成本才可能计入产品成本，非正常的经营活动成本不计入产品成本。非正常的经营活动成本包括灾害损失、盗窃损失等非常损失，滞纳金、违约金、罚款、损害赔偿等赔偿支出，交易性金融资产跌价损失、坏账损失、存货跌价损失、长期股权投资减值损失、持有至到期投资减值损失、固定资产减值损失等由不能预期的原因引起的资产减值损失，以及债务重组损失等。

（2）正确划分生产费用与期间费用的界限

正常的生产经营活动成本又分为生产费用和期间费用。为了正确计算企业在一定时期的会计利润，应当正确划分生产费用与期间费用的界限：用于生产产品的原材料费用、人工成本和可计入产品的制造费用，划入生产费用；其他正常的生产经营活动发生的费用列入期间费用。

（3）正确划分不同会计期间的费用界限

企业必须按月份结算生产费用并据以计算产品成本，对于应计入产品成本的费用，必须分清是由本期产品成本负担还是由以后各期产品成本负担。凡是应由本月产品负担的各项费用，都应该在本月入账，不能延迟；凡是应由本月和以后月份负担的各项费用，要根据期限，分摊计提到本月和以后各月份里。

（4）正确划分各种产品的费用界限

企业为生产产品而发生的直接材料、直接工资等直接生产费用，应当直接计入各种、各批或各步骤产品成本。凡是能够分清应由某种产品负担的费用，应根据费用原始凭证直接计入该种产品的成本；不能分清由哪种产品负担的费用，应选择合理的分配法加以分配计入各种产品成本。

（5）正确划分完工产品和在产品的费用界限

每一会计期末，将各项生产费用计入各种产品成本之后，还应当将成本总额按适当的分配方法在完工产品与月末在产品之间进行分配，以便正确计算完工产品成本和月末在产品成本。

3. 正确确立财产物资的计价和价值结转的方法

企业财产物资计价和价值结转的主要方法：固定资产原值的计算方法、折旧方法、折旧率的种类和高低，固定资产修理费用是否采用待摊或预提方法以及摊、提期限的长短；固定资产与低值易耗品的划分标准；材料成本的组成内容，材料按实际成本进行核算时发出材料单位成本的计算方法，材料按计划成本进行核算时材料成本差异率的种类、采用分类差异时材料类距的大小等；低值易耗品和包装物价值的摊销方法、摊销率的高低及摊销期限的长短等。为了正确计算成本，对于各种财产物资的计价和价值的结转，应严格执行国家统一的会计制度。各种方法一经确定，应保持相对稳定，不能随意改变，以保证成本信息的可比性。

4. 做好成本核算的各项基础工作

为了进行成本审核、控制，正确计算产品成本，还必须做好以下各项基础工作：

（1）建立健全定额管理制度

产品的消耗定额是编制成本计划、分析和考核成本水平的依据，也是审核和控制耗费的标准。企业应当制定和修订先进而又可行的原材料、燃料、动力和工时等项消耗定额，并据以审核各项耗费是否合理、是否节约，借以控制耗费，降低成本。

（2）建立健全材料物资的计量、收发、领退和盘点制度

为了进行成本管理和成本核算，还必须对材料物资的收发、领退和结存进行计量，建立和健全材料物资的计量、收发、领退和盘点制度。

（3）建立健全原始记录制度

为了进行成本核算和管理，对于生产过程中动力和工时的耗费，在产品和半成品的内部转移，以及产品质量的检验结果等，均应做出真实、完整的记录。

（4）建立健全企业内部结算制度

在计划管理基础较好的企业，为了分清企业内部各单位的经济责任，便于分析和考核企业内部各单位成本计划的完成情况，还应对材料、半成品和厂内各车间相互提供的劳务（如运输、修理等）制定企业内部计划价格，作为内部结算的依据。企业内

部计划价格应该尽可能接近实际并相对稳定，年度内一般不作变更。

5. 选择适当的成本计算方法

产品成本的计算，关键是选择适当的方法。产品成本计算的方法必须根据其特点、管理要求及工艺过程等予以确定。否则，产品成本就会失去真实性，无法进行成本分析和考核。目前企业常用的产品成本计算方法有品种法、分批法、分步法、分类法、定额法等。

二、成本核算的一般程序

成本核算的一般程序是指对企业在生产经营过程中发生的各项生产费用和期间费用，按照成本核算的要求，逐步进行归集和分配，最后计算出各种产品的生产成本和各项期间费用。

1. 开设成本明细账

按产品品种设置产品成本明细账或成本计算单、辅助生产成本明细账、制造费用明细账，并按成本项目或费用项目设置专栏。

2. 分配各种要素费用

（1）根据货币资金支出业务，按用途分类汇总各种付款凭证，登记各项费用，据以登记有关明细账。

借：制造费用

　　生产成本——辅助生产成本

　贷：银行存款

（2）根据领退料凭证及有关分配标准，编制材料费用分配表，分配材料费用，据以登记有关明细账。

借：生产成本——基本生产成本

　　　　　　——辅助生产成本

　　制造费用

　贷：原材料

（3）根据电费付款凭证和实际耗用量，编制外购动力费用分配表，据以登记有关明细账。

借：生产成本——基本生产成本

　　　　　　——辅助生产成本

　　制造费用

　贷：应付账款

(4) 根据工资结算凭证和福利费提取标准，编制工资及福利费分配表，分配工资及福利费，据以登记有关明细账。

借：生产成本——基本生产成本

　　　　　　——辅助生产成本

　　制造费用

　贷：应付职工薪酬

(5) 根据固定资产使用情况及折旧办法，编制固定资产折旧费用分配表，分配固定资产折旧费，据以登记有关明细账。

借：制造费用

　贷：累计折旧

3. 分配辅助生产成本

根据“辅助生产成本明细账”上归集的生产费用，编制辅助生产费用分配表，采用适当的分配方法进行辅助生产费用分配，据以登记有关明细账。

借：制造费用

　　管理费用

　贷：生产成本——辅助生产成本

4. 分配基本生产车间制造费用

根据基本生产车间“制造费用明细账”上归集的生产费用，编制制造费用分配表，采用适当的分配方法分配制造费用，据以登记“基本生产成本明细账”和“成本计算单”。

借：生产成本——基本生产成本

　贷：制造费用

5. 分配废品损失和停工损失

对于不可修复废品：

借：废品损失

　贷：生产成本——基本生产成本

最后，将废品净损失结转：

借：生产成本——基本生产成本

　贷：废品损失

　　　停工损失

6. 计算各种产品的完工产品成本和在产品成本

根据“基本生产成本明细账”和“成本计算单”上归集的生产费用，月末采用适当的计算方法计算各种产品的完工产品成本和在产品成本。如果月末没有在产品，则本月生产费用总额就全部是完工产品成本。

7. 结转产成品生产成本

根据“基本生产成本明细账”和“成本计算单”计算的各种产品完工产品成本，编制“完工产品成本汇总表”，计算完工产品和在产品的中间成本和单位成本，据以结转产成品生产成本。

借：库存商品

　　贷：生产成本——基本生产成本

注意：未完工产品（在产品）不做结转分录，继续在“生产成本”科目中挂账，待完工后再做结转。

三、成本核算的主要会计账户

为了进行成本核算，企业一般应设置“生产成本”“制造费用”“销售费用”“管理费用”“财务费用”等账户。如果需要单独核算废品损失和停工损失，还应设置“废品损失”和“停工损失”账户。

1. “生产成本”账户

该账户核算企业进行工业性生产发生的各项生产成本，包括生产各种产成品、自制半成品、自制材料、自制工具、自制设备等发生的成本。该账户结构如图 1－1 所示。

生产成本	
月初在产品成本 本月发生的各项生产费用	本月完工入库的产品成本
月末在产品成本	

图 1－1　“生产成本”账户基本结构

“生产成本”账户应设置“基本生产成本”和“辅助生产成本”两个二级科目。“基本生产成本”明细账是为了归集基本生产所发生的各种生产费用，计算基本生产产品成本而设置的。该明细账借方登记企业为进行基本生产而发生的各种费用，贷方登记转出的完工入库的产品成本，余额在借方，表示基本车间在产品成本。“基本生产成本”应按产品品种或产品批别、生产步骤等成本计算对象设置三级产品成本明细分类账，账内按产品成本项目分设专栏或专行。

“辅助生产成本”明细账是为了归集辅助生产发生的各种生产费用，计算辅助生产提供的产品和劳务的成本而设置的。该明细账户的借方登记为进行辅助生产而发生的各种费用，贷方登记完工入库产品的成本或分配转出的劳务成本，余额在借方，表示辅助生产在产品的成本。“辅助生产成本”应按辅助生产车间和生产的产品、劳务等设置三级产品成本明细分类账，账内按辅助生产的成本项目或费用项目分设专栏或专行。

生产成本明细账如图 1－2 所示。

生产成本明细账

科目名称＿＿＿＿
投产日期＿＿＿＿　计划工时＿＿＿＿　生产批号＿＿＿＿
完工日期＿＿＿＿　实际工时＿＿＿＿　生产车间＿＿＿＿
完成产量＿＿＿＿　数量＿＿＿＿　产品规格＿＿＿＿　产品名称＿＿＿＿

20×7年		凭证号数	摘　要	借方发生额	成　本　项　目				
					直接材料	直接人工	制造费用		
月	日			千百十万千百十元角分	千百十万千百十元角分	千百十万千百十元角分	千百十万千百十元角分	千百十万千百十元角分	千百十万千

图 1－2　生产成本明细账

2. “制造费用”账户

制造费用是指制造企业为生产产品和提供劳务而发生的各项间接费用。本账户核算企业生产车间（部门）为生产产品和提供劳务而发生的各项间接费用，以及虽然直接用于产品生产但管理上不要求或不便于单独核算的费用。

企业可按不同的生产车间、部门和费用项目进行明细核算。

延伸阅读

成本会计岗的具体工作内容

一、生产部门日常费用报销

审核原始凭证是否完整、合法，金额是否正确，原始凭证与支出证明单是否一致→审核并更正原始凭证按规范粘贴和折叠→审核审批手续是否完备→审核部门费用支出进度（如超计划额度，可拒绝报销）→编制记账凭证→涉及现金的凭证传出纳岗，不涉及现金的凭证传主管岗复核。

注意：

(1) 非工资性费用支出须取得税务局监制的发票或收据，填写规范，大小写一致，无涂改痕迹，增值税票须严格遵守填写规范。

(2) 保证凭证及附件左上角整齐，附件长宽折叠以记账凭证大小为度，不能带有订书钉。

(3) 费用审核要点：计划额度内费用须经部门负责人、分管领导、财务负责人审批；计划外费用须有总经理批示的报告；市内交通费（出租车费）、通信费须经总经理办公室登记；招聘费用须由人力资源部部长审核；差旅费须附审批后的行程安排表；招待费须附经审批的招待费用明细表。

(4) 准确使用明细科目。

(5) 支取现金的凭证编制完毕，若遇出纳无现金时，应暂时保存记账凭证，待出纳取回现金时通知领款。

(6) 报销人有前期欠款时，报销费用一律先冲抵欠款，由管理费用岗开具还款收据。

二、其他核算

1. 水（电）费

收受出纳岗传来的水（电）费委托收款凭证→分出非生产用水（电）发票→将生产用水（电）发票传生产部相关岗位换取增值税票→编制记账凭证→传主管岗复核。

2. 审核原、辅材料领用

每月1日收受材料审核岗传来的当月原材料领料汇总表、记账凭证→对照领料单审核材料发出汇总表→对照汇总表审核记账凭证→传主管岗。

注意：

材料领用涉及基本生产成本、辅助生产成本、制造费用等，因此，只有此凭证编制后才可以结转制造费用、辅助生产成本。

三、制造费用及辅助生产成本的归集与分配

1. 生产/质保费用

结账后第三日查询并打印当月制造费用——生产部（含分管领导）/质保部（含分管领导）科目时段余额表→向生产部统计岗取得各车间产量工时→编制生产费用（含分管领导）、质保部费用（含分管领导）分配表→编制记账凭证→传主管岗复核。

2. 车间制造费用

车间制造费用由财务系统自动结转，并生成记账凭证。

3. 辅助生产成本

结账后第三日查询并打印当月辅助生产成本科目时段余额表→传辅助生产车间核

算员进行辅助生产成本分配→根据辅助生产车间核算员编制的辅助生产成本分配明细表编制记账凭证→传主管岗复核。

注意：

（1）必要时须向各车间提供制造费用明细账相关情况。

（2）审定辅助生产车间统计分摊的工时，确保摊入各车间的费用准确、合理。

（3）结账后第三日结转生产、质保费用，结转后不能再有该项费用的发生，因此，月末须将此项当月费用凭证全部编制完毕。

四、生产成本核算

1. 基本生产成本的归集

检查制造费用、辅助生产成本是否结转完毕→检查工资分配、原材料领用、产成品发放凭证是否已编制→结账后第三日打印各车间生产成本汇总表及制造费用汇总表→传各车间成本核算员。

2. 产品成本核算

由车间成本核算员根据当月车间生产的产品品种数量、各产品耗用的工时及成本岗提供的生产成本汇总表等，将车间当月生产成本在完工产品、在产品和半成品之间，完工产品、半成品品种之间进行分配，结账后第四日编制产品成本计算表交成本核算岗。

3. 产成品入库

（1）审核产成品明细账。定期审核仓库产成品、自制材料账→核对入库单（第④联）数量与仓库管理员登记的明细账借方数一致→取下入库单（第④联）→分车间分品种暂时保存。

（2）审核成本计算表。检查车间成本核算员编制的成本表→核对完工产品、半成品数量和入库单（第④联）数量一致→根据成本计算表及入库单（第④联）编制记账凭证→传主管岗复核。

（3）编制产成品平均成本表。将每月完工产品成本资料输入产成品平均成本表，以便动态、直观地反映各产品成本变动情况。

（4）登记仓库产成品（自制材料）明细账借方金额。根据已审核成本计算表，将入库产成品、自制材料成本金额登记在仓库产成品、自制材料明细账借方。

4. 计算加权平均单价

产成品（自制材料）加权平均单价 = 本期收货金额 + 期初结余金额，为本期产成品发出单价。

5. 退货入库

货物退回，应根据销售部开具的红字销售单，由销售核算岗按中转库上月各品种加权平均单价及退货数量，计算出退货金额，并将品种、数量、单价、金额等资料编表汇总，成本会计岗根据其汇总表编制记账凭证。

注：实际核算中与正常蓝字销售单一同编制记账凭证。

6. 产成品出库

审核仓库产成品明细账登记的发出数量→抽出产成品发出凭证并编制分类汇总→计算发出金额（数量×产成品加权平均单价）→在仓库明细账中登记发出金额→凭汇总表编制记账凭证→传销售核算岗审核。

（1）销售单→传销售核算岗审核

注：①销售单须按品种分类汇总并制表，随销售单和记账凭证传销售核算岗审核，红字销售单以负数进行核算。②发出库存产品须向销售部索取销售单清单，据此向购货公司开具发票，办理产成品出库手续。

（2）领出返工→传主管岗复核

注：①摘要栏须注明产品名称及产量。②须将领出返工产品明细提供给车间成本核算员。

（3）部门领用→传主管岗复核

注：领料单内容须填写完整，备注栏须载明用途且签字手续要完备。

7. 结仓库产成品明细账

仓库明细账审核登记完毕，结出各产品余额，督促仓库管理员与实物核对，并将账本余额分类汇总，与财务账核对。

8. 盘点

每半年组织一次对仓库实物的盘点→督促仓库管理员编制盘存表→及时提供盘点结果→协助仓库管理员报告有关问题事项→根据公司处理决定编制记账凭证。

五、管理性工作

（1）每月10日提供成本分析，动态跟踪产品成本升降情况。

（2）组织车间成本核算员进行规范成本核算，保证及时提供准确的原始资料。

（3）参与制定成本费用控制办法并完善成本管理制度。

（4）深入车间、仓库熟悉公司各产品生产工序、原辅材料耗用等相关知识，有效挖掘成本管理的潜能。

（5）每半年组织仓库进行一次盘点。

六、工作要求

（1）熟悉公司各类财务管理制度。

（2）了解财务部各岗位工作内容，做好与各岗位的衔接工作。

（3）工作目标明确，责任心强，树立良好的部门形象。

项目小结

1. 成本会计发展的四个阶段

（1）早期成本会计阶段（1880—1920 年）。

（2）近代成本会计阶段（1921—1945 年）。

（3）现代成本会计阶段（1945—1980 年）。

（4）战略成本会计阶段（1981 年以后）。

2. 成本会计的职能

成本会计的主要职能有成本预测、成本决策、成本计划、成本控制、成本核算、成本分析和成本考核。其中，成本核算是其最基本的职能。

成本会计的主要职能可以概括为反映的职能和监督的职能。

3. 成本核算的基本要求

（1）严格执行国家规定的成本开支范围和费用开支标准。

（2）正确划分各种费用界限。

（3）正确确立财产物资的计价和价值结转方法。

（4）做好成本核算的各项基础工作。

（5）选择适当的成本计算方法。

4. 成本核算的一般程序

（1）开设成本明细账。

（2）分配各种要素费用。

（3）分配辅助生产成本。

（4）分配基本生产车间制造费用。

（5）分配废品损失和停工损失。

（6）计算各种产品的完工产品成本和在产品成本。

（7）结转产成品生产成本。

技能训练

一、单项选择题

1. 在成本会计的各种职能中，（　）是基础。

A. 成本预测　　B. 成本控制　　C. 成本核算　　D. 成本考核

2. 由于成本与（ ）结合密切，因而成本的内容往往要服从于管理的需要。

A. 生产 B. 管理 C. 核算 D. 经济

3. 与传统成本会计相比，现代成本会计的重点已转移到（ ）。

A. 事中控制 B. 事后计算 C. 事后分析 D. 事前规划

4. 我国企业会计制度规定，企业应采用（ ）计算成本。

A. 制造成本计算法 B. 标准成本计算法

C. 变动成本计算法 D. 实际成本计算法

5. 实行（ ）制度，满足了存货估价和计算损益的要求，为编制财务报表提供了资料。

A. 变动成本计算 B. 估计成本计算

C. 标准成本计算 D. 实际成本计算

6. 为了保证所作的决策是最优的，在进行决策时应考虑（ ）。

A. 已耗成本 B. 未耗成本 C. 支出成本 D. 机会成本

7. 下列各项中，表述错误的是（ ）。

A. 成本与费用是一组既有紧密联系又有一定区别的概念

B. 没有发生费用就不会形成成本

C. 成本的发生期与补偿期并非完全一致

D. 成本在损益表上被列为当期收益的减项

8. 下列各项中，既是成本预测的结果又是制订成本计划依据的是（ ）。

A. 成本核算 B. 成本决策 C. 成本控制 D. 成本分析

9. 下列各项中，具有控制成本、衡量生产效率高低特点的成本会计制度是（ ）。

A. 实际成本制度 B. 标准成本制度

C. 估计成本制度 D. 作业基础成本制度

10. 有助于管理人员确定不增加价值，但耗费资源的作业活动的成本计算方法是（ ）。

A. 实际成本制度 B. 标准成本制度

C. 估计成本制度 D. 作业基础成本制度

二、多项选择题

1. 现代成本会计的主要职能包括（ ）。

A. 成本预测 B. 成本决策 C. 成本计划和成本控制

D. 成本核算 E. 成本分析和成本考核

2. （ ）是成本事前规划的具体手段。

A. 成本预测 B. 成本决策 C. 成本计划 D. 成本分析

E. 成本考核

3. 按成本计算模式分类，成本会计可分为（ ）。

A. 实际成本制度　　B. 完全成本计算模式

C. 变动成本计算模式　　D. 估计成本制度

E. 标准成本制度

4. 现代成本会计具有的特征是（ ）。

A. 成本会计与管理的直接结合　　B. 建立数量化的管理技术

C. 按照成本最优化的要求　　D. 促使企业生产经营实现最优化运转

E. 能提高企业的市场适应力和竞争能力

5. 现代成本会计是包括了（ ）等内容，以全面提高经济效益为核心的现代成本会计信息系统。

A. 质量成本管理　　B. 作业成本管理

C. 战略成本管理　　D. 环境成本管理

E. 人力资源成本管理

6. 尽管不同的经济环境不同的行业特点使得成本有着丰富的内涵，但是成本经济内容的共同点表现为（ ）。

A. 成本的形成是以某种目标为对象的　　B. 成本是指企业的各项支出

C. 成本是为实现一定的目标而发生的耗费

D. 成本是会计期间为获得收益而发生的支出

E. 成本都是有形的

7. 下列有关成本的表述中，正确的是（ ）。

A. 成本是为取得财产或接受劳务而牺牲的经济资源

B. 成本可以是主观认定的，也可以是客观认定的

C. 成本是会计期间为获得收益而发生的费用

D. 成本可以分为未耗成本与已耗成本两大类

E. 未耗成本在资产负债表上列为资产项目

8. 下列各项中，表述正确的是（ ）。

A. 现代成本会计实际上就是成本管理

B. 成本数据更多地被用于对企业内部管理人员进行业绩评价

C. 成本信息主要为财务会计编制财务报表所用

D. 成本会计是以管理为重心的

E. 财务会计与管理会计都必须依赖于成本会计系统所提供的信息

9. 成本控制是（ ）。

A. 对成本计划的实施进行监督　　　　B. 成本会计的基本职能

C. 实现成本决策既定目标的保证

D. 实现成本决策和成本计划目标的有效手段

E. 制订成本计划的依据

10. 下列各项关于适时生产系统的表述，正确的是（ ）。

A. 是一种需求拉动式的生产系统

B. 通常将存货数量减少到远低于传统系统的水平

C. 更强调质量控制

D. 成本的可溯性大为增强

E. 成本计算的准确性大大提高

三、判断题

1. 费用是会计期间与收入相配比的成本。（ ）

2. 成本是为了取得某些财产或劳务而牺牲的某些经济资源，因此，成本都是有形的。（ ）

3. 会计系统的特征是记录支出成本而不是记录机会成本。但是，在决策时应考虑机会成本。（ ）

4. 成本会计是为编制财务会计报表提供成本信息的。（ ）

5. 现代成本会计实际上就是成本管理。（ ）

6. 即使所从事经济活动的内容不同，其成本的含义也是一致的。（ ）

7. 费用和损失都属于已耗成本。（ ）

8. 随着产品的售出，其成本就转化为出售当期的费用，并与当期发生的其他费用一起由当期营业收入予以补偿。（ ）

9. 计算产品成本以确定存货成本及销售成本是成本会计的主要目的。（ ）

10. 质量成本的计量和报告是现代成本会计系统的主要特征之一。（ ）

项目二　要素费用的归集与分配

职业能力目标

- 能够明确要素费用分配的具体方法及适用条件
- 能够熟悉要素费用分配的依据
- 能够掌握要素费用分配的基本原理和实际操作程序
- 能够掌握要素分配表的具体编制方法和账务处理

关键概念

要素费用　材料费用　外购动力费用　职工薪酬费用　其他要素费用　归集与分配

结构导图

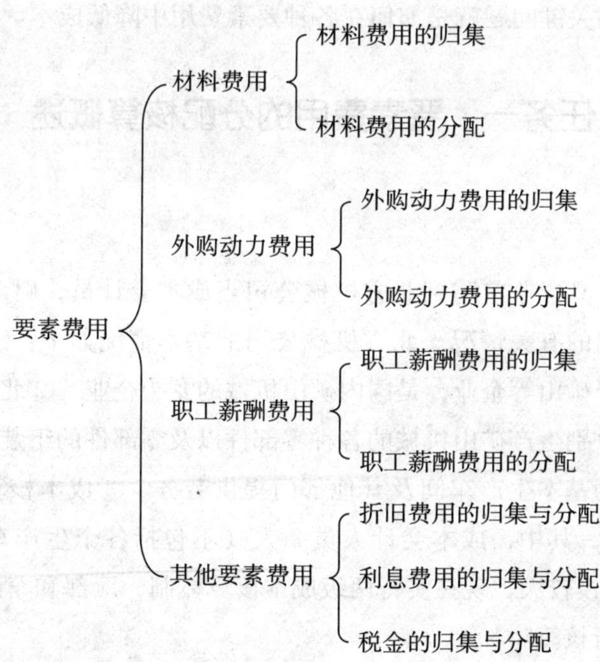

项目导入

自1991年以来，河北省邯郸钢铁总厂（以下简称“邯钢”）作为一家始建于1958年的老厂，企业经济效益大幅度提高，利润连年快速增长，整体实力逐年壮大，已经由过去一个普通的地方中型钢铁企业跃居全国11家大型钢铁企业行列。然而，同样是这家钢铁厂，1990年时，邯钢还与国内其他钢铁企业一样，面临着内部成本上升、外部市场疲软的双重压力，经济效益大面积滑坡。在短短的几年时间里，邯钢在激烈的市场竞争环境中有效地遏制住成本持续上升、连续亏损的势头，走出经济效益滑坡的低谷，完成了由一般的亏损企业到明星企业的转变。

当时，国内钢铁企业大都面临三个问题：一是原材料和运输涨价，减利因素增大，企业成本增高，效益下降；二是市场竞争日趋激烈，有些钢厂品种少、质量差、成本高的问题日渐突出；三是债务负担重，生产经营十分困难。伴随着钢铁市场的疲软，钢材的售价一跌再跌。邯钢这个河北省知名的上缴利税超亿元的大户，连续5个月出现亏损，企业到了难以生存的地步。

请问：

在这种情况下，邯钢是如何取得成功的？

邯钢从1991年开始推行以“模拟市场核算，实行成本否决”为核心的企业内部改革，将每一个产品的目标成本指标均逐层分解到分厂、车间、班组和职工，使厂内的每个环节都承担降低成本的责任，职工真正做到人人当家理财。

本项目应解决的关键问题就是如何在各种要素费用中降低成本。

任务一　要素费用的分配核算概述

任务导入

大学生张晓敏7月毕业应聘到北方机械公司当成本会计员，财务部成本科的刘科长向晓敏介绍了公司的有关情况。北方机械公司的基本情况如下：①该公司主要生产大型重型机械，用于矿山等企业，是国内矿山机械的龙头企业。②北方机械公司设有7个基本生产车间，分别生产矿山机械的各种零部件以及零部件的组装；另外，还设有4个辅助生产车间，为基本生产车间及其他部门提供劳务。③成本核算的现状，该公司现有会计人员36人，其中，成本会计人员8人（不包括各个生产车间的成本会计人员）。由于该公司规模较大，现在实行两级成本核算体制，厂部和车间分别设置有关的成本费用明细账进行核算。

刘科长让晓敏再了解几天企业成本核算及其他方面的情况后，提出车间和厂部应设置哪些成本总账和明细账。

任务知识

一、要素费用的概念

要素费用是对企业生产过程中发生的费用按经济性质所作的分类，主要包括劳动对象方面的费用、劳动手段方面的费用、活劳动方面的费用，这三大类费用按照经济内容进一步划分，主要包括外购材料费用、外购动力费用、外购燃料费用、职工薪酬费用、折旧费、利息支出、税金以及其他支出。

（1）外购材料费用：企业为生产耗用而从外部购进的原材料、辅助材料、半成品、包装物、低值易耗品、修理用备件以及其他直接材料费用。

（2）外购动力费用：企业为进行生产而耗用的从外部购进的各种动力如电力、热力等费用。

（3）外购燃料费用：企业为进行生产而耗用的一切向外购进的各种燃料，包括固体燃料、液体燃料、气体燃料等费用。

（4）职工薪酬费用：企业所有应计入生产经营成本的职工工资（包括工资性津贴、补贴、奖金）、按规定计损的职工福利费用、企业负担的各种社会保险费，以及按规定比例计提的工会经费和职工教育经费等。

（5）折旧费：企业按照规定的固定资产折旧方法计算提取的固定资产折旧费用。

（6）利息支出：企业取得各种借款的利息支出减去利息收入后的净值。

（7）税金：应计入企业管理费用中的各种税金，包括房产税、车船使用税、土地使用税和印花税等。

（8）其他支出：不属于以上各要素的耗费，如差旅费、邮电通信费、租赁费、外部加工费等。

二、要素费用的计算和归集

要素费用的分配去向主要分为两个层次。第一层次，直接计入的费用，简称直接费用，是指能确认为哪一种产品耗用的资源，直接归集为该产品的生产成本；间接计入的费用，简称间接费用，或称之为共同耗用的费用，是指不能明确归属于哪一个产品耗用的资源，不能直接归集为某种产品的生产成本，还应采用一定的标准在不同的产品之间分配的费用。第二层次，如果在成本计算期末没有在产品，通过第一层次归集的全部生产费用即该产品的生产成本；如果在成本计算期末还有在产品，那么，生产费用还应在完工产品和在产品之间进行分配，以确定完工产品和在产品成本。因此，产品成本计算过程就是生产费用的归集、分配、再归集、再分配的过程。

1. 直接计入费用的计算和归集

（1）总账科目的计算和归集。企业在发生材料、动力等用于产品生产的各种要素费用时，应直接计入“生产成本”总账科目。

（2）明细账的计算和归集。若是直接计入的材料、动力等用于产品生产的各种要素费用，应直接计入这种产品成本明细账的“原材料”“燃料及动力”等成本项目；若是间接计入的材料、动力等用于产品生产的各种要素费用，还应采用适当的分配方法，单独地分配计入这几种产品成本明细账的“原材料”“燃料及动力”等成本项目。

2. 间接计入费用的计算和归集

间接计入费用的分配，要求分配所依据的标准与所分配的费用多少有比较密切的因果关系。间接计入费用的分配标准主要有三类。

（1）成果类：如产品的重量、体积、产量、产值等。

（2）消耗类：如生产工时、生产工人的工资、机器工时、原材料消耗量等。

（3）定额类：如定额消耗量、定额费用等。

分配时先计算费用分配率，即每一单位分配标准应负担的费用额，然后根据各种产品的分配标准额乘以费用分配率，即可求得每种产品应分配的间接计入费用。

3. 辅助生产费用的计算和归集

对于辅助生产部门发生的各种费用，也可按用途分为直接用于辅助产品生产（或劳务）的费用和用于辅助生产部门组织与管理生产的费用两部分。对辅助生产费用的计算和归集，有以下两种处理方法。

（1）直接用于辅助产品生产（或劳务）的费用，应计入“辅助生产成本”总账和相应产品或劳务明细账的“直接材料”或“直接人工”成本项目。用于辅助生产部门组织和管理生产的费用，则应先计入“制造费用”总账和所属明细账进行归集，然后在月末分配计入“辅助生产成本”总账和所属明细账的“制造费用”成本项目。

（2）如果辅助生产不对外提供商品产品，而且辅助生产车间规模较小，辅助产品生产（或劳务）单一，为了简化核算工作，不设“制造费用”科目，辅助生产部门发生的费用直接全部计入“辅助生产成本”总账和相应的明细账。

4. 期间费用的计算和归集

对于发生的期间费用，则应分别计入“销售费用”“管理费用”“财务费用”总账和所属明细账的借方进行归集，期末从其贷方转入“本年利润”科目的借方，直接计入当期损益。

任务二　材料费用的归集与分配

任务导入

某小型生产企业因未考虑到成本—效益原则，所以在成本核算工作中存在一些不足，比如，材料消耗是根据实际领料数量进行核算，没有考核标准，因而各月之间成本波动较大，而且领用材料计量不够准确，对于不能点数的材料则采用目测的方法估算。鉴于存在的问题，企业经理决定进行整改。如果请你为经理出谋划策，请问你有哪些建议？

任务知识

一、材料费用的内容

材料费用包括企业在生产经营过程中实际消耗的各种原材料、辅助材料、外购半成品、修理用备件配件、燃料、动力、包装物和低值易耗品等的费用。

（1）原材料：作为主要劳动对象，经过加工以后构成产品实体的原料及主要材料，如纺织行业耗用的棉纱、制鞋业耗用的皮革等。

（2）辅助材料：在生产中有助于产品形成，或为创造正常劳动条件所耗用，或为劳动工具所消耗的各种辅助性材料，如纺织行业的染料、化工行业的催化剂等，均是与原材料结合，有助于产品形成的辅助材料；又如为创造正常劳动条件所耗用的日光灯、清洁用料以及为劳动工具所消耗的润滑油等。

（3）外购半成品：为企业配套产品而耗用的外购件，如空调耗用从外单位购入的压缩机、摩托车耗用从外单位购入的发动机等。

（4）修理用备件配件：为修理本企业的机器设备、运输设备等所专用的零件、部件及配件。其他修理用材料列入辅助材料。

（5）燃料：用于生产的燃烧发热的各种固体燃料、液体燃料和气体燃料，如煤、汽油、天然气等。

（6）动力：动力是指生产经营中耗用的电力、热力等。

（7）包装物：生产经营过程中用于包装产品的各种包装容器，如桶、箱、瓶、坛、袋等。

（8）低值易耗品：生产经营中领用的各种价值低廉、容易损耗的物品，如各种用具物品、工具、管理用具、玻璃器皿等。

二、材料费用的归集

1. 材料发出的原始凭证

为了加强对制造产品耗用材料的控制和核算，并明确经济责任，领用材料一定要办理必要的手续和填制有关的凭证。常用的有关原始凭证如下。

（1）领料单

领料单是由领用材料的部门或者人员（简称领料人）根据所需领用材料的数量填写的单据，如图 2－1 所示。领料单一般采用一次凭证进行登记。领料人凭借领料单到仓库中领取所需材料时，由库存管理人员确认并出具出货单方可领取材料。

材料类别：　　　　　　**领 料 单**　　　　　　总号：　　　　FR-12-03A版

材料科目：　　　　　　　　　　　　　　　　　　　　　　　　字第　　　号

年　　月　　日　　　　　　　　　　分号：

材料编号	材料名称	规格	生产通知单号	用途	数量		计量单位	单价	金额
					请领	实领			

图 2－1　领料单

（2）限额领料单

限额领料单是指当月或一定期间在规定限额内可以多次使用，凭以领发材料的一种累计凭证，如图 2－2 所示。限额领料单通常适用于有消耗定额或领用限额、领料次数较多的材料。限额领料单一般在月初或某批产品投产或某项工程开工以前，由生产计划部门根据产量、工程量和材料消耗定额或领用限额，分领料部门、用途填明材料品种和领用限额，一式两份，一份交领料部门，一份交发料仓库，分别作为领、发料的依据。领料时，由领料部门向仓库部门说明领用数量；发料后，由仓库在两份限额领料单内填明实发数，并结出限额结余，仓库根据限额领料单登记材料明细账卡。月末或该批产品生产完毕或该项工程完工，在两份限额领料单上均须加计实物数和金额，分别由仓库和领料部门送交会计部门，经审核后作为计算发出材料和产品、工程材料费的依据。限额领料单可采用一单一料制，也可采用一单多料制。在配套发料的情况下，大多采用一单多料制。

限额领料单

领料部门：　　　　　　　　　　　　　　　用途：

发料仓库：　　　　　　　　　　　　　　　日期：

材料类别	材料编号	材料名称	材料规格	计量单位	计划投产量	单位消耗定额	领用限额

日期	实发			领用			退库			限额结余数量
	数量	单价	金额	数量	领料人	发料人	数量	退料人	收料人	

图 2－2　限额领料单

（3）领料登记表

对于生产车间、班组常用又没有制定定额的消耗材料，不便于采用上述凭证进行核算，可采用填写领料登记表办理领料手续的方法。领料登记表也是一种多次使用有效（一般为一个月）的凭证。

2. 发料成本的确定

材料费用的归集实际上就是指材料采购成本的核算，即以各种外购材料为成本计算对象，归集各种材料在采购过程中发生的各项支出，从而计算出各种材料的总成本和单位成本。

材料费用归集的目的是对材料存货进行计价，同时也为确定发出材料成本提供依据。确定发出材料的成本是一项重要而烦琐的工作，其确定的合理与否，直接关系到期末库存材料的成本及产品成本的合理性。发出材料的成本主要由两个方面构成，一是发料的数量，二是发料单价。

（1）材料按实际成本法计价时发料成本的确定

在按实际成本法核算时，每次购入材料的价格并不相同，因此必须采用一定的方法确定发出材料的单价，然后根据确定的单价和发出材料的数量，计算出发出材料的成本，并按领用部门及其用途进行账务处理。可采用以下方法确定材料的成本。

①先进先出法。先进先出法是以先购入的存货先发出这样一种存货实物流转假设为前提，对先发出存货按先入库的存货单位成本进行计价的一种方法。采用这种方法，先购入的存货成本在后购入的存货成本之前转出，据此确定发出存货和期末存货的成本。

其优点是使企业不能随意挑选存货计价以调整当期利润，缺点是工作比较烦琐，对于存货进出频繁的企业来说更是如此。而且，当物价上涨时，会高估企业当期利润和库存存货价值；反之，则会低估企业存货价值和当期利润。

在通货膨胀情况下，先进先出法会虚增利润，增加企业的税收负担，不利于企业资本保全。而且，先进先出法对发出的材料要逐笔进行计价并登记明细账的发出与结存，核算手续比较烦琐。

②加权平均法。加权平均法亦称全月一次加权平均法，是指以当月全部进货数量作为权数，去除当月全部进货成本加上月初存货成本，计算出存货的加权平均单位成本，以此为基础计算当月发出存货的成本和期末存货的成本的一种方法。计算过程及公式如下：

$$\text{全月一次加权平均单价}=\frac{\text{月初结存材料的实际成本}+\text{本月购入材料的实际成本}}{\text{月初结存材料数量}+\text{本月购入材料数量}}$$

月末库存材料成本 = 月末库存材料数量 × 全月一次加权平均单价

本月发出材料成本 = 本月发出材料数量 × 全月一次加权平均单价

或 = 月初结存材料成本 + 本月购入材料成本 − 月末结存材料成本

这种方法适用于前后进价相差幅度不大且月末定期计算和结转销售成本的商品。其优点是只在月末计算一次加权平均单价，比较简单，而且在市场价格上涨或下跌时所计算出来的单位成本平均化，对材料成本的分摊较为折中；其缺点是核算缺少及时性；在物价变动幅度较大的情况下，按加权平均单价计算的期末材料价值与现行成本有较大的差异。因而，这种方法适合物价变动幅度不大的情况。这种方法平时无法从账上提供发出材料和结存材料的单价及金额，不利于加强对材料的管理。

③个别计价法。又称“个别认定法”“具体辨认法”“分批实际法”。这一方法是假设材料的成本流转与实物流转一致，按照各种材料逐一辨认各批发出材料和期末材料所属的购进批别或生产批别，分别按其购入或生产时所确定的单位成本作为计算各批发出材料和期末材料成本的方法。

这一方法的优点是其计算的发出材料的成本和期末材料的成本比较合理、准确。其缺点是实务操作的工作量繁重，困难较大。因而，个别计价法适用于容易识别、材料品种数量不多、单位成本较高的材料计价，例如，珠宝、名画等贵重物品。

会计分录：

借：生产成本——基本生产成本（实际）

　　　　　　——辅助生产成本

　　制造费用

　　管理费用

　贷：原材料（实际）

（2）材料按计划成本法计价时发料成本的确定

材料按照计划成本法计价时，材料的收发凭证都按材料的计划单位成本计价。在材料明细账中，材料的收发金额都应根据收发料凭证按计划成本登记。在这种情况下，为了进行材料的总分类核算，也应设立“原材料”等总分类账，根据收料凭证汇总表和发料凭证汇总表按计划成本汇总登记。为了核算材料采购的实际成本、计划成本和成本差异，调整发出材料的成本差异，计算发出材料和结存材料的实际成本，还应设置“材料采购”和“材料成本差异”两个总分类账户，并应按照材料类别设立材料采购明细账和材料成本差异明细账。为了调整发出材料的成本差异，计算发出材料的实际成本，还应根据“原材料”等账户登记的月初结存材料和本月购入材料的成本差异计算材料成本差异率。本月发出材料的实际成本可用以下公式计算：

$$本月发出材料成本差异率=\frac{月初结存材料成本差异额\pm本月购入材料成本差异额}{月初结存材料计划成本+本月购入材料计划成本}\times100\%$$

$$发出材料应负担的成本差异=发出材料计划成本\times发出材料成本差异率$$

$$发出材料实际成本=发出材料计划成本+发出材料应负担的成本差异$$

$$=发出材料计划成本\times（1+发出材料成本差异率）$$

会计分录：

借：生产成本——基本生产成本（实际）

　　　　　　——辅助生产成本

　　制造费用

　　管理费用

　贷：原材料（计划）

　　　材料成本差异

三、材料费用的分配

根据不同材料的归集对象，将材料费用分别计入“生产成本——基本生产成本”

“制造费用”“生产成本——辅助生产成本”“销售费用”“管理费用”等账户的借方。

1. 材料费用的分配原则

（1）直接计入原则

凡属产品直接耗用的材料费用，都应尽可能直接计入有关产品成本；凡不能直接计入产品的材料费用，均应通过一定的分配方法分配计入成本。

（2）重要性原则

凡在产品成本中占有较大比例的，应该以单独的成本项目“直接材料”列示，而对于那些占比较小的材料费用，即使是直接计入费用，为了简化成本核算，也可将其列入“制造费用”，与其他制造费用一起进行分配。

2. 材料费用分配的核算

对用于产品生产并构成产品主要实体或有助于产品形成的各种材料，应本着直接材料费用直接计入、间接材料费用分配计入的原则进行分配。可采用的分配方法主要有定额耗用量比例分配法、产品重量比例分配法、产品产量比例分配法、产品材料定额成本比例分配法等。

（1）定额耗用量比例分配法

它是根据各种产品原材料消耗定额比例分配材料费用的一种方法。定额耗用量是指一定产量下按照耗用定额计算可以消耗的数量。在计算时一般需要经过四个步骤：

$$某种产品材料定额消耗量=该种产品实际产量\times单位产品材料定额消耗量$$

$$材料定额耗用量分配率=\frac{材料实际总耗}{各种产品材料定额消耗量之和}$$

$$每种产品应分配的实际材料数量=每种产品材料定额消耗量\times材料定额耗用量分配率$$

$$每种产品应分配的材料费用=每种产品应分配的实际材料数量\times材料单价$$

若在成本管理工作中不需要计算每种材料的实际消耗数量，则可采用按材料定额耗用量的比例直接分配材料费用的方法计算每种产品应分配的材料费用。定额耗用量比例分配法一般适用于各项材料消耗定额健全且比较准确的情况。

【例2－1】某企业生产甲、乙两种产品，共同耗用材料9000千克，单价为1.44元/千克，共计12960元。生产甲产品1800件，单件甲产品原材料消耗定额为3千克；生产乙产品1200件，单件乙产品原材料消耗定额为1.5千克。

原材料费用分配计算如下：

甲产品原材料定额消耗量＝1800×3＝5400（千克）

乙产品原材料定额消耗量＝1200×1.5＝1800（千克）

原材料消耗量分配率＝9000÷（5400＋1800）＝1.25

甲产品分配原材料数量＝5400×1.25＝6750（千克）

乙产品分配原材料数量＝1800×1.25＝2250（千克）

甲产品分配原材料费用＝6750×1.44＝9720（元）

乙产品分配原材料费用＝2250×1.44＝3240（元）

定额耗用量比例分配法下，原材料费用也可以直接按原材料定额消耗量分配，计算如下：

原材料费用分配率＝12960÷（5400＋1800）＝1.8（元/千克）

甲产品分配原材料费用＝5400×1.8＝9720（元）

乙产品分配原材料费用＝1800×1.8＝3240（元）

由此可得材料费用分配表（1），见表2－1。

表2－1　　材料费用分配表（1）

产品	实际产量（件）	单位产品消耗定额（千克）	定额消耗量（千克）	分配率	实际耗用量分配（千克）	材料费用	
						计划单价（元/千克）	金额（元）
甲产品	1800	3	5400	1.25	6750	1.44	9720
乙产品	1200	1.5	1800		2250		3240
小计	3000		7200		9000		12960

根据材料费用分配表（1），编制会计分录：

借：生产成本——基本生产成本——甲产品　9720

　　　　　　　　　　　　　——乙产品　3240

　贷：原材料　12960

（2）产品重量比例分配法

这种方法是根据各种产品的重量比例来分配材料费用的，当产品所耗用材料的多少与产品重量有直接联系时可采用这种方法。计算时，首先根据材料费用总额除以各种产品重量之和计算出材料费用分配率，然后用每种产品的重量乘以材料费用分配率计算出每种产品应分配的材料费用。

【例2－2】某企业生产甲、乙两种产品，共同耗用A材料30400千克，单价为4.50元/千克。甲产品的重量为12000千克，乙产品的重量为26000千克，采用产品重量比例分配法分配材料费用的结果如下：

材料费用分配率＝（30400×4.50）÷（12000＋26000）＝3.6

甲产品应分配的材料费用＝12000×3.6＝43200（元）

乙产品应分配的材料费用＝26000×3.6＝93600（元）

由此可得材料费用分配表（2），见表2－2。

表2－2 材料费用分配表（2）

产品	分配标准（产品重量，千克）	分配率	金额（元）
甲产品	12000	3.6	43200
乙产品	26000		93600
小计	38000		136800

根据材料费用分配表（2），编制会计分录：

借：生产成本——基本生产成本——甲产品 43200

——乙产品 93600

贷：原材料 136800

（3）产品产量比例分配法

这种方法是根据各种产品的产量比例来分配材料费用的，当产品的产量与其所耗用的材料密切相关时可采用这种方法。在计算时，首先由材料费用总额除以各种产品实际产量之和，然后用每种产品的产量乘以材料费用分配率，计算出每种产品应分配的材料费用。

【例2－3】某企业生产甲、乙两种产品，共耗用B材料4032千克，单价为6元/千克，甲产品实际产量为1800件，乙产品实际产量为2400件，采用产品产量比例分配法分配材料费用的结果如下：

材料费用分配率＝（4032×6）÷（1800＋2400）＝5.76

甲产品应分配的材料费用＝1800×5.76＝10368（元）

乙产品应分配的材料费用＝2400×5.76＝13824（元）

由此可得材料费用分配表（3），见表2－3。

表2－3 材料费用分配表（3）

产品	分配标准（产品产量，件）	分配率	金额（元）
甲产品	1800	5.76	10368
乙产品	2400		13824
小计	4200		24192

根据材料费用分配表（3），编制会计分录：

借：生产成本——基本生产成本——甲产品　10368

——乙产品　13824

贷：原材料　24192

（4）产品材料定额成本比例分配法

这种方法是根据产品材料定额成本的比例分配材料费用，当多种产品耗用多种材料时可采用这种方法。在计算时，首先，根据产品的实际产量乘以单位产品材料定额成本计算出产品的材料定额成本；其次，根据实际材料费用总额除以各种产品材料定额成本之和；最后，用每种产品材料定额成本乘以材料定额成本分配率计算出每种产品应分配的材料费用。

【例 2-4】 某企业生产甲、乙两种产品，共同耗用材料费用 64000 元。本月投产甲产品 100 件、乙产品 200 件。单位产品材料消耗定额甲产品 12 千克、乙产品 10 千克。材料计划单价为 10 元/千克。要求：采用材料定额成本比例分配甲、乙产品实际耗用原材料费用。

计算分配如下：

甲产品原材料定额费用 = 100 ×（12 × 10）= 12000（元）

乙产品原材料定额费用 = 200 ×（10 × 10）= 20000（元）

原材料费用分配率 = 64000 ÷（12000 + 20000）= 2

甲产品分配的原材料费用 = 12000 × 2 = 24000（元）

乙产品分配的原材料费用 = 20000 × 2 = 40000（元）

由此可得材料费用分配表（4），见表 2-4。

表 2-4　　**材料费用分配表**（4）

产品	实际产量（件）	单位产品定额费用（元）	按实际产量计算的定额费用（元）	分配率	分配金额（元）
甲产品	100	12 × 10 = 120	12000	2	24000
乙产品	200	10 × 10 = 100	20000		40000
小计	300		32000		64000

根据材料费用分配表（4），编制会计分录：

借：生产成本——基本生产成本——甲产品　24000

——乙产品　40000

贷：原材料　64000

任务三　外购动力费用的归集与分配

任务导入

在企业成本核算中，对于燃料和动力费用，应视具体情况合理设置相关科目进行核算。一般来说，如果燃料和动力费用所占比例较大，需要单独设置“燃料”和“应付账款”等科目进行核算，而不应随意使用不当的会计科目进行核算。

例如，小肖于200×年6月从某职业专科学校会计专业毕业后被招聘到某地方小厂从事会计工作。该厂是一个小型制造企业，生产A和B两种产品，日常发生的燃料和动力费用很少。小肖想起在学校成本会计课上老师讲过，如果企业成本核算中燃料和动力费用较少，可以不专设“燃料和动力”成本项目以及对应的会计科目。可是，该厂在7月15日即他工作的第二个月，购买了8000度电，每度电0.38元，共计3040元，用于产品生产和照明。小肖一时不知该怎样记账，于是想起权责发生制与受益原则的要求，做了如下会计分录：

借：待摊费用　3040

　贷：银行存款　3040

等到了月末，根据仪表指示数知道该月生产用电5200度（根据A和B产品的机器工时3200小时与2000小时的比例分配），1700度为照明用电，尚余1100度电。小肖又做了如下会计处理：

借：生产成本——基本生产成本——A产品（直接材料）　1216

　　　　　　　　　　　　　　——B产品（直接材料）　760

　　制造费用　646

　贷：待摊费用　2622

请问：上述处理是否合理？为什么？

任务知识

一、外购动力费用的内容

外购动力费用是指企业在生产经营、管理过程中耗用的从外部购进的水、电、蒸汽等各种动力，本企业自产的动力不包括在内。

使用外购动力的部门不同，其分配的方法也不一样。对于基本生产车间生产产品使用的外购动力，若是只生产一种产品，则可直接计入；若是生产多种产品，则可按各种产品的定额工时或实际工时的比例进行分配。

二、外购动力费用的归集

外购动力费用支出的核算一般分为两种情况。

（1）每月支付动力费用的日期基本固定，而且每月付款日到月末的应付动力费用相差不多，将每月支付的动力费用作为应付动力费用，在付款时直接借记各成本、费用账户，贷记“银行存款”账户。

（2）一般情况下要通过“应付账款”账户核算，即在付款时先作为暂付款处理，借记“应付账款”账户，贷记“银行存款”账户，月末按照外购动力的用途分配费用时再借记各成本、费用账户，贷记“应付账款”账户，冲销原来记入“应付账款”账户借方的暂付款。“应付账款”账户借方所记本月所付动力费用与贷方所记本月应付动力费用往往不相等，如果是借方余额，为本月支付款大于应付款的多付动力费用，可以抵冲下月应付费用；如果是贷方余额，为本月应付款大于支付款的应付未付动力费用，可以在下月支付。

三、外购动力费用的分配

直接用于产品生产的动力费用应该单独计入产品成本的“燃料及动力”成本项目。

外购动力费用的分配，在有仪表记录的情况下，应根据仪表所示耗用动力的数量以及动力的单价计算；在没有仪表的情况下，可按生产工时比例、机器工时比例、定额耗电量比例分配。

外购动力费用的分配通过编制外购动力费用分配表进行。直接用于产品生产，设有“燃料及动力”成本项目的动力费用，应单独记入“生产成本——基本生产成本”账户和所属有关的产品成本明细账的借方；直接用于辅助生产的动力费用、用于基本生产和辅助生产但未专设成本项目的动力费用、用于组织和管理生产经营活动的动力费用，则应分别记入“生产成本——辅助生产成本”“制造费用”和“管理费用”账户和所属明细账的借方。外购动力费用总额应根据有关转账凭证或付款凭证记入“应付账款”或“银行存款”账户的贷方。

应做如下会计分录：

借：生产成本——基本生产成本

　　　　　　——辅助生产成本

　　制造费用

　　管理费用

　贷：应付账款（银行存款）

【例 2－5】8 月某企业耗电 43000 度，每度电的单价为 0.4 元，应付电力费 17200 元，未付。该企业基本生产车间耗电 33000 度，车间照明耗电 3000 度，企业行政管理部门耗电 7000 度。企业基本生产车间生产甲、乙两种产品，甲产品生产工时 36000 小时，乙产品生产工时 24000 小时。

要求：按所耗电度数分配电力费用，甲、乙产品按生产工时分配电费，编制分配电力费用的会计分录。

基本生产车间电费＝33000×0.4＝13200（元）

外购动力费用分配率＝13200÷（36000＋24000）＝0.22

其中：甲产品电费＝0.22×36000＝7920（元）

乙产品电费＝0.22×24000＝5280（元）

生产车间照明用电费用＝3000×0.4＝1200（元）

管理部门用电费用＝7000×0.4＝2800（元）

由此可得外购动力（电力）费用分配表，见表 2－5。

表 2－5　外购动力（电力）费用分配表

产品	分配标准（生产工时，小时）	分配率	金额（元）
甲产品	36000	0.22	7920
乙产品	24000		5280
小计	60000		13200

编制会计分录：

借：生产成本——基本生产成本——甲产品　7920

——乙产品　5280

制造费用　1200

管理费用　2800

贷：应付账款　17200

任务四　职工薪酬费用的归集与分配

任务导入

为了正确计算产品的实际成本和期间损益，还应将生产经营管理费用正确地划分为生产费用和经营管理费用（或划分产品成本和期间费用的界限）。在现实中，有不少企业常常故意或非故意地误划上述界限，导致产品成本的虚增或虚减。例如，甲企业计算销售部门人员工资4000元。该企业会计人员所做的账务处理如下：

借：生产成本　4000

　贷：应付职工薪酬——工资　4000

要求：根据上述资料先判断该会计人员所做账务处理的对错，若处理有误则分析产生差错的原因。

任务知识

一、职工薪酬费用的内容

应付职工薪酬是企业根据有关规定应付给职工的各种薪酬，按照"职工工资、奖金、津贴和补贴""职工福利""社会保险费""住房公积金""工会经费""职工教育经费""解除职工劳动关系补偿""非货币性福利""其他与获得职工提供的服务相关的支出"等应付职工薪酬项目进行明细核算。

1. 职工工资、奖金、津贴和补贴

职工工资是企业使用职工的知识、技能、时间和业务而给予职工的一种补偿（报酬）。工资的组成内容包括计时工资与计件工资两部分，计时工资是指按计时工资标准和工作时间支付给个人的劳动报酬，计件工资是指对已做工作按计件单价支付的劳动报酬。

奖金是指支付给职工的超额劳动报酬和增收节支的劳动报酬，包括生产奖（超产奖、质量奖、安全奖、年终奖）、节约奖、劳动竞赛奖和其他奖金。

津贴是指为了补偿职工特殊或额外的劳动消耗和因特殊工作环境支付给职工的津贴，包括补偿职工特殊或者额外劳动消耗的津贴、保健性津贴、技术性津贴、年功性津贴和其他津贴。

补贴是为了保证职工工资水平不受物价影响支付给职工的物价补贴。

2. 职工福利

职工福利是企业准备用于企业职工福利方面的资金。企业使用了职工的劳动技能、知识等以后，除了有义务承担必要的劳动报酬外，还必须负担职工福利方面的义务。

职工福利费用主要包括职工的医疗费，医护人员的工资，医务经费，职工因公负伤赴外地就医路费，职工生活困难补助，职工浴室、理发室、幼儿园、托儿所人员的工资，以及按照国家规定开支的其他福利支出。

3. 社会保险费

社会保险费是企业按照国务院相关条例和地方政府规定的范围与标准为职工缴纳的养老保险费、医疗保险费、失业保险费、工伤保险费、生育保险费等社会保险费。社会保险费应当在职工为企业提供服务的会计期间，根据工资总额的一定比例计算提取，记入相应的成本费用。

4. 住房公积金

住房公积金是指在职工工作年限内由职工及其所在单位按月缴存的一定数额的资金。住房公积金全部归职工个人所有，长期储蓄，专项用于住房支出。

5. 工会经费和职工教育经费

企业为适应经济建设的需要，加强职工培训，改善职工文化生活，提高企业职工队伍素质，用于开展工会活动和职工教育及专业技能培训，根据国家规定的基准和比例，从成本费用中提取的金额。

6. 非货币性福利

通常包括企业以自己的产品或其他有形资产发放给职工的福利，如向职工无偿提供企业拥有的资产使用，为职工无偿提供类似医疗保健服务，外购商品给职工使用等。

7. 解除职工劳动关系补偿

解除职工劳动关系补偿，是指企业由于实施主辅业分离、辅业改制、分流安置富余人员、重组或改组计划中职工不能胜任岗位等，在职工劳动合同到期之前解除与职工的劳动关系，或者为鼓励职工自愿接受裁减而给予职工的经济补偿。

8. 其他与获得职工提供的服务相关的支出

主要包括加班加点工资与休假工资。加班加点工资是指按规定支付的加班工资和加点工资；特殊情况下支付的工资，包括根据国家法律、法规和政策规定，因病、工伤、产假、计划生育假、婚丧假、事假、探亲假、定期休假、停工学习、执行国家或社会义务等原因，企业按计时工资标准或计件工资标准的一定比例支付的工资。

二、工资总额的组成

工资总额是指各单位在一定时期内直接支付给本单位全部职工的劳动报酬总额，由以下六个部分组成。

1. 计时工资

计时工资是指按计时工资标准（包括地区生活费补贴）和工作时间支付给个人的劳动报酬。计时工资包括对已做工作按计时工资标准支付的工资，实行结构工资制的单位支付给职工的基础工资和职务（岗位）工资，新参加工作职工的见习工资（学徒的生活费），运动员体育津贴。

2. 计件工资

计件工资是指对已做工作按计件单价支付的劳动报酬。计件工资包括实行超额累进计件、直接无限计件、限额计件、超定额计件等工资制，按劳动部门或主管部门批准的定额和计件单价支付给个人的工资，按工作任务包干方法支付给个人的工资，按营业额提成或利润提成办法支付给个人的工资。

3. 奖金

奖金是指支付给职工的超额劳动报酬和增收节支的劳动报酬。奖金包括生产奖，节约奖，劳动竞赛奖，机关、事业单位的奖励工资，以及其他奖金。

4. 津贴和补贴

津贴和补贴是指为了补偿职工特殊或额外的劳动消耗和因其他特殊原因而支付给职工的津贴，以及为了保证职工工资水平不受物价影响而支付给职工的物价补贴。津贴包括补偿职工特殊或额外劳动消耗的津贴、保健性津贴、技术性津贴、年功性津贴及其他津贴；物价补贴包括为保证职工工资水平不受物价上涨或变动影响而支付的各种补贴。

5. 加班加点工资

加班加点工资是指按规定支付的加班工资和加点工资。

6. 特殊情况下支付的工资

特殊情况下支付的工资包括：①根据国家法律、法规和政策规定，因病、工伤、产假、计划生育假、婚丧假、事假、探亲假、定期休假、停工学习、执行国家或社会义务等原因按计时工资标准或计件工资标准的一定比例支付的工资；②附加工资、保留工资。

三、工资费用的原始记录

企业应为每个职工设置“工资卡”，内含职工姓名、职务、工资等级、工资标准等资料。计算职工工资的原始记录，有考勤记录和产量记录。

1. 考勤记录

考勤记录是登记职工出勤和缺勤情况的，它为计时工资计算提供依据，具体形式有考勤簿（见图2－3）、考勤卡片（考勤钟打卡）、考勤磁卡（刷卡）。

2. 产量记录

产量记录是登记工人或生产小组在出勤时间内完成产品的数量、质量和耗用工时的，它是计件工资计算的依据，同时，也是统计产量和工时的依据，产量记录表如表2－6所示。

考勤簿

A	B	C	D	E	F	G	H	I	J	K	L	M	N	O	P	Q	R	S	T	U	V	W	X	Y	Z	AA	AB	AC	AD	AE	AF	AG	AH	AI
	部门：																年　月															当月天数：		
序号	姓名	星期																																备注
		时间	1	2	3	4	5	6	7	8	9	10	11	12	13	14	15	16	17	18	19	20	21	22	23	24	25	26	27	28	29	30	31	
1		上午																																
		下午																																
2		上午																																
		下午																																
3		上午																																
		下午																																
4		上午																																
		下午																																
5		上午																																
		下午																																
6		上午																																
		下午																																
7		上午																																
		下午																																
8		上午																																
		下午																																
9		上午																																
		下午																																
10		上午																																
		下午																																
11		上午																																
		下午																																
12		上午																																
		下午																																
13		上午																																
		下午																																
14		上午																																
		下午																																
15		上午																																
		下午																																
注：出勤“√”、加班“⊕”、迟到“○”、休假“×”、旷工“△”、公出“公”。																																考勤员：		

图 2－3　考勤簿

表 2－6　　　　　　　　　　　　　产量记录表

年　月　日

班别	品名	前班结存	前部门移交	本班生产	本班结存	移交人	总收入
早班							
中班							
夜班							

四、工资薪金的计算方法

工资薪金的计算是企业向职工支付工资和按用途分配工资费用的依据。工业企业可以根据具体情况采用不同的工资制度，其中，最基本的工资制度是计时工资制度和计件工资制度。

1. 计时工资制度

计时工资制度是根据劳动者的实际劳动时间和工资等级以及工资标准支付劳动报酬的工资形式。计时工资制可分为月薪制和日薪制。计时工资制是按照职工的技术熟练程度、劳动繁重程度和工作时间的长短来计算和支付工资的一种分配形式。它由两个因素决定：一是工资标准，二是实际工作时间。

（1）月薪制

月薪制是指按职工固定的月标准工资扣除缺勤工资计算其工资的一种方法。采用月薪制时，只要职工全勤，不论该月是多少天数，都可以得到固定的月标准工资。如果出现缺勤，则应从月标准工资中将缺勤工资予以扣除。

按照《劳动法》第五十一条的规定，法定节假日用人单位应当依法支付工资，即折算日工资、小时工资时不剔除国家规定的法定节假日。

月计薪天数 =（365 天 - 104 天）÷12 月 = 21.75 天

按全年平均每月工作天数 21.75 天计算：

日工资 = 标准工资/21.75

计算公式如下：应付计时工资 = 标准工资 - 缺勤应扣工资

缺勤应扣工资 = 事假和旷工天数 × 日工资 + 病假天数 × 日工资 × 扣款百分比

计算缺勤扣款时，应区别对待不同情况，按照国家有关规定执行，对待事假和旷工缺勤的，按 100% 的比例扣发工资；因工负伤、探亲假、婚丧假、女工产假等缺勤期间，应按 100% 的比例全部照发工资；对病假或非因公负伤缺勤，应根据劳动者保护条例的规定，按病假期限和工龄长短扣发一定比例的工资。

（2）日薪制

日薪制是指企业根据生产需要，以日薪作为计酬标准，按照实际工作日每天支付劳动报酬的一种工资形式。采用日薪制计算职工应付计时工资，有利于正确计算生产工人的工资成本。但是因为每个月实际工作天数、职工出勤的天数不同，所以每个月都需要计算，计算工作量较大。

计算公式如下：应付计时工资 = 出勤日数 × 日工资

【例 2 - 6】某企业某工人的月工资标准为 2600 元。8 月 31 天，事假 4 天，病假 2 天，双休日休假 10 天，出勤 15 天。根据该工人的工龄，其病假工资按工资标准的 90% 计算。该工人病假和事假期间没有节假日。试计算该工人应得工资。

按 21.75 天计算日工资：

日工资 = 2600 ÷ 21.75 = 119.54（元）

(1) 按月标准工资扣除缺勤天数应扣工资额的计算（减法）

某职工应得工资 = 该职工月标准工资 - （事假天数 × 日标准工资） - （病假天数 × 日标准工资 × 病假扣款率） = 2600 - 4 × 119.54 - 2 × 119.54 × （1 - 90%） = 2600 - 478.16 - 23.91 = 2097.93（元）

(2) 按出勤天数直接计算（加法）

某职工应得工资 = 该职工出勤天数 × 日标准工资 + 病假天数 × 日标准工资 × （1 - 病假扣款率） = 119.54 × 15 + 2 × 119.54 × 90% = 1793.10 + 215.17 = 2008.27（元）

2. 计件工资制度

计件工资制度是按照工人生产的合格品的数量（或作业量）和预先规定的计件单价来计算报酬的一种工资形式。它不是直接用劳动时间来计量，而是用一定时间内的劳动成果——产品数量或作业量来计算。因此，它是间接用劳动时间来计算的，是计时工资的转化形式。

由于材料不合格造成的废品，应照付工资；由于加工人员的过失造成的废品，则不支付工资。有关计算公式如下：

$$应付计件工资 = \sum [（合格品数量 + 料废品数量） × 计件单价]$$

计件工资通常有个人计件和集体计件两种形式。

(1) 个人计件工资的计算

个人计件工资是以个人为计算单位的，工资取决于个人的劳动成果，是按照个人生产的合格产品的数量乘以计件单价计算出应得的计件工资。个人计件工资适合单独操作个人劳动定额的工人，具体方法有以下两种。

方法一：

$$应付计件工资 = \sum （某工人生产每种产品产量 × 每种产品计件单价）$$

$$产品产量 = 合格品数量 + 料废品数量$$

某种产品计件单价 = 生产单位产品所需的工时定额 × 该级工人小时工资

料废品：非工人本人过失造成的不合格产品，应计算并支付工资。

工废品：由于本人过失造成的不合格产品，不计算、支付工资。

方法二：

应付计件工资 = 某工人本月生产各种产品定额工时之和 × 该工人小时工资

【例2-7】 甲、乙两种产品都应由8级工人加工。甲产品单件工时定额为30分钟，乙产品单件工时定额为45分钟。8级工人的小时工资为2元。某8级工人共加工甲产品500件、乙产品400件，试计算其计件工资。

方法一：

应付计件工资 = $\sum$（某工人生产每种产品产量 × 每种产品计件单价）

甲产品的计件单价 = 生产单位产品所需的工时定额 × 该级工人小时工资 = 30 ÷ 60 × 2 = 1（元）

乙产品的计件单价 = 45 ÷ 60 × 2 = 1.5（元）

应付计件工资 = 500 × 1 + 400 × 1.5 = 1100（元）

方法二：

应付计件工资 = 某工人生产各种产品定额工时之和 × 该工人小时工资 = （500 × 30 ÷ 60 + 400 × 45 ÷ 60） × 2 = 1100（元）

（2）集体计件工资的计算

按生产小组等集体计件工资的计算方法，与个人计件工资的计算方法基本相同。集体计件工资还需在集体内部各工人之间进行分配，一般应以每人的工资标准和工作日数的乘积为分配标准进行分配。

五、职工薪酬费用的归集与分配

1. 职工薪酬费用的归集

在实际工作中，企业发放职工工资、办理工资结算是通过编制“工资结算表”来进行的。工资结算表又称工资表，是按车间、部门编制的，每月一张。在工资结算表中，要根据工资卡、考勤记录、产量记录及代扣款项等资料按人名填列“应付工资”“代扣款项”“实发金额”三大部分。

工资结算表一般应编制一式三份：一份由劳动工资部门存查；一份按职工裁成“工资条”，连同工资一起发给职工；一份在发放工资时由职工签章后交财会部门作为工资核算的凭证，并用以代替工资的明细核算。工资结算表是按各个车间、部门分别编制的，因此，只能反映各个车间、部门工资结算和支付的情况。工资结算表如表2－7所示。

企业应当通过“应付职工薪酬”科目核算应付职工薪酬的提取、结算、使用等情况。该科目的贷方登记已分配计入有关成本费用项目的职工薪酬的数额；借方登记实际发放职工薪酬的数额，包括扣还的款项等；该科目期末贷方余额反映企业应付未付的职工薪酬。“应付职工薪酬”科目应当按照“工资”“职工福利”“社会保险费”“住房公积金”“工会经费”“职工教育经费”“非货币性福利”等应付职工薪酬项目设置明细科目，进行明细核算。凡是包括在工资总额内的各种工资、奖金、津贴等，不论在当月是否支付，均应通过本科目核算。企业支付工资时，根据工资薪酬结算表中实发工资，借记“应付职工薪酬”科目，贷记“库存现金”或“银行存款”科目，结转代扣款项时，借记“应付职工薪酬”科目，贷记“其他应付款”“应缴税费”等科目。

表 2－7　　　　工资结算表

部门：　　　　年　月　　　　单位：元

月份	编号	姓名	隶属部门	应发						应扣						实发工资	签字
				基本工资	岗位津贴	交通补贴	加班工资	奖金	其他	房租	水电费	公积金	养老金	医疗保险	其他		

单位主管：　　　　核算员：　　　　盖章：

2. 职工薪酬费用的分配

职工薪酬费用的分配，是指企业应当在职工为其提供服务的会计期间，根据职工提供服务的受益对象，将应确认的职工薪酬（包括货币性薪酬和非货币性福利）分配计入相关资产成本或当期损益，同时确认应付职工薪酬。工资结算表中所列各车间、部门各种用途的应付工资额，就是分配职工薪酬费用的依据。职工薪酬费用的分配，应该按照用途在各受益对象之间分配。生产工人的职工薪酬，记入“生产成本——基本生产成本”账户的“直接人工”成本项目；车间管理人员的职工薪酬，记入“制造费用”账户；辅助生产车间的职工薪酬，记入“生产成本——辅助生产成本”账户；管理部门人员的职工薪酬记入“管理费用”科目，销售人员的职工薪酬记入“销售费用”科目，应由在建工程、研发支出负担的职工薪酬记入“在建工程”“研发支出”等科目。

生产工人工资中的计件工资属于直接计入费用，应直接计入产品成本明细账；计时工资及其他工资一般属间接计入费用，应在各受益产品之间按照产品的生产工时（实际工时或定额工时）比例进行分配。

$$\text{工资分配率}=\frac{\text{生产工人工资总额}}{\text{各产品实际（定额）工时之和}}$$

$$\text{各种产品应分配的工资额}=\text{各产品实际（定额）工时}\times\text{工资分配率}$$

职工薪酬费用的分配是通过编制职工薪酬费用分配表（见表 2－8）进行的。

表2-8　　　　职工薪酬费用分配表

年　月　　　　　　　　　　　　　　　　　　单位：元

应借科目		生产工人工资			工资总额
		实耗工时	分配率	应分配费用	
基本生产成本	甲产品				
	乙产品				
	丙产品				
	小计				
辅助生产成本					
制造费用	一车间				
	二车间				
	小计				
管理费用					
销售费用					
合计					

【例2-8】某企业基本生产车间生产甲、乙、丙三种产品，发生的生产工人计时工资共计58000元。甲产品完工1000件，乙产品完工400件，丙产品完工450件。单件产品工时定额为甲产品1小时，乙产品2.5小时，丙产品2小时。试计算分配甲、乙、丙三种产品各自应负担的工资费用。

甲产品定额总工时 $=1000\times1=1000$（小时）

乙产品定额总工时 $=400\times2.5=1000$（小时）

丙产品定额总工时 $=450\times2=900$（小时）

生产工人工资分配率 $=58000\div2900=20$

甲产品应负担工资费 $=20\times1000=20000$（元）

乙产品应负担工资费 $=20\times1000=20000$（元）

丙产品应负担工资费 $=20\times900=18000$（元）

3. 其他薪酬费用

企业为职工缴纳的医疗保险费、工伤保险费、生育保险费等社会保险费和住房公积金，以及按规定提取的工会经费和职工教育经费，应当在职工为其提供服务的会计期间根据规定的计提基础和计提比例计算确定，并确认相关负债，按照受益对象计入当期损益或相关资产成本，借记“生产成本”“制造费用”“管理费用”等科目，贷记“应付职工薪酬”科目。

任务五　其他要素费用的归集与分配

任务导入

某公司有两个基本生产车间，分别生产甲、乙两种产品。为简化核算，在进行产品成本核算过程中，只将为生产产品发生的直接材料费用、直接人工费用按其发生的地点和用途分别计入各相关产品生产成本，对于发生的其他各项生产费用和经营管理费用，全部计入“管理费用”账户。本会计期间计入“管理费用”账户的各有关项目：各生产车间机器设备折旧费用 44000 元，其中，第一车间 20000 元，第二车间 24000 元；办公设备折旧费 5000 元；支付各生产车间管理人员工资 8000 元，其中，第一车间和第二车间分别为 3000 元和 5000 元；支付厂部管理人员工资 12000 元；第一车间经营性租入固定资产发生修理费用 4000 元；本期支付水电费 8600 元，其中，第一车间和第二车间分别为 4600 元和 3000 元，其余 1000 元为厂部耗用；本期为推销产品支付广告宣传费 34000 元；支付各项办公用品费 5200 元；本期预提长期借款利息 2500 元；本期摊销印花税 1000 元；专设销售机构发生经费支出 15000 元。

要求：根据上述资料对该企业的会计处理进行评价并说明理由。

任务知识

一、固定资产折旧费用的归集与分配

固定资产与无形资产是用来生产产品的，也是有成本的。它的价值就是它的成本，需要计入产品的成本中去，需要摊销。换句话说，随着固定资产的磨损逐渐转移到所生产的产品中去的这部分固定资产价值，就是固定资产折旧费用。

在计提过程中，企业应当按月计提固定资产折旧费用，当月增加的固定资产当月不计提折旧，从下月起计提折旧；当月减少的固定资产当月仍计提折旧，从下月起停止计提折旧。提足折旧后，不管能否继续使用，均不再提取折旧；提前报废的固定资产，也不再补提折旧。

1. 计提折旧费的资产范围

计提折旧的固定资产：房屋建筑物；在用的机器设备、仪器仪表、运输车辆、工具器具；季节性停用及修理停用的设备；以经营租赁方式租出的固定资产和以融资租赁方式租入的固定资产。

不计提折旧的固定资产：已提足折旧仍继续使用的固定资产；以前年度已经估价单独入账的土地；提前报废的固定资产；以经营租赁方式租入的固定资产和以融资租赁方式租出的固定资产。

特殊情况：①已达到预定可使用状态的固定资产，如果尚未办理竣工决算，应当按照估计价值暂估入账，并计提折旧；待办理了竣工决算手续后，再按照实际成本调整原来的暂估价值，不需要调整原已计提的折旧额。当期计提的折旧作为当期的成本、费用处理。②处于更新改造过程停止使用的固定资产，应将其账面价值转入在建工程，不再计提折旧。更新改造项目达到预定可使用状态转为固定资产后，再按照重新确定的折旧方法和该项固定资产尚可使用寿命计提折旧。③因进行大修理而停用的固定资产，应当照提折旧，计提的折旧额应计入相关资产成本或当期损益。

2. 折旧费用的归集

固定资产折旧费用的归集，是利用编制固定资产折旧费用计算表进行的。各部门在编制“固定资产折旧费用计算表”时，应遵循固定资产计提折旧起止时间的规定以及计提折旧范围的有关规定。

固定资产折旧费用计算表见表 2 – 9。

表 2 – 9　　**固定资产折旧费用计算表**

年　月　　　　单位：元

固定资产类别	折旧率	上月计提		上月增加		上月减少		本月应提	
		原价	折旧额	原价	折旧额	原价	折旧额	原价	折旧额

企业各车间、部门每月计提折旧额的计算公式：

某部门本月折旧额 = 该部门上月计提折旧额 + 该部门上月增加固定资产应提折旧额 – 该部门上月减少固定资产应停提折旧额

3. 折旧费用的分配

折旧费用应该按照固定资产使用的车间、部门和用途分别记入“制造费用”“生产费用——辅助生产成本”“管理费用”“销售费用”和“其他业务成本”等总账科目和所属明细账的借方，固定资产折旧总额应记入“累计折旧”科目的贷方。折旧费用的分配应通过编制“固定资产折旧费用分配表”进行，如表 2 – 10 所示。

表 2-10　固定资产折旧费用分配表

年　月　　单位：元

应借科目	车间或部门	上月固定资产折旧额	上月增加固定资产应提折旧额	上月减少固定资产应停提折旧额	本月固定资产折旧额
制造费用	一车间				
	二车间				
	小计				
辅助生产车间	供水车间				
	供电车间				
	小计				
管理费用					
销售费用					
合计					

根据表 2-10，应编制会计分录：

借：制造费用——一车间

　　　　　　——二车间

　　生产成本——辅助生产成本——供电车间

　　　　　　　　　　　　　　——供水车间

　　管理费用

　　销售费用

　贷：累计折旧

【例 2-9】根据某企业 2009 年 9 月固定资产折旧费用分配表（见表 2-11）编制相关会计分录。

表 2-11　某企业 2009 年 9 月固定资产折旧费用分配表

2009 年 9 月　　单位：元

项目	折旧费用
基本生产车间	5780
辅助生产车间	2600
行政管理部门	1480
专设销售机构	640
合计	10500

借：制造费用　　　　　　　　　5780

　　生产成本——辅助生产成本　2600

　　管理费用　　　　　　　　　1480

　　销售费用　　　　　　　　　 640

　贷：累计折旧　10500

二、利息费用的归集与分配

工业企业要素费用中的利息费用不是产品成本的组成部分，而是财务费用项目。利息费用一般按季结算支付，季内各月应付的利息应分月进行预提，并于季末实际支付时冲减预提费用。实际费用与预提费用的差额，调整计入季末月份的财务费用。

每月预提利息费用时，

借：财务费用

　贷：应付利息

季末实际支付全季利息费用时，

借：应付利息

　贷：银行存款

一般来说，利息费用如果数额不大，为简化核算工作，可不作为预提费用处理，而在季末实际支付时全部计入当月的财务费用，即于支付时直接借记“财务费用”科目，贷记“银行存款”科目。

三、税金的归集与分配

工业企业要素费用中的税金也不是产品成本的组成部分，而是管理费用的组成部分，包括房产税、车船使用税、土地使用税和印花税等。

1. 房产税、车船使用税、土地使用税的核算

房产税、车船使用税、土地使用税需要预先计算应缴金额，然后缴纳。这些税金应该通过“应缴税金”科目核算。

计算应缴税金时，

借：管理费用

　贷：应缴税金

缴纳时，

借：应缴税金

　贷：银行存款

2. 印花税的核算

印花税的核算不必通过“应缴税金”账户进行，可用货币资金直接缴纳，缴纳时直接计入管理费用。

缴纳时，

借：管理费用——印花税

　贷：银行存款

如果印花税票是一次购买，分月使用，而且金额较大，也可作为预付账款处理。

支付时，

借：预付账款

　贷：银行存款

分月摊销时，

借：管理费用

　贷：预付账款

四、其他费用的归集与分配

工业企业要素费用中的其他费用，是指除了前面所述各项要素以外的费用，包括邮电费、租赁费、报刊费、排污费、差旅费、职工技术培训费等。这些费用都没有专门的成本项目，在费用发生时，按照发生的车间、部门，分别借记“制造费用”“管理费用”“在建工程”等账户，贷记“银行存款”或“库存现金”。实际工作中，可以通过编制各种费用分配表进行账务处理。

【例 2 – 10】某企业 2009 年 8 月其他费用共 8505 元，均用银行存款支付，归集分配如表 2 – 12 所示。要求：根据其他费用分配表编制会计分录。

表 2 – 12　　**其他费用分配明细表**

2009 年 8 月　　单位：元

分配对象		办公费	劳保费	差旅费	运输费	其他	合计
基本生产车间		1000	340	800	1500	235	3875
辅助生产车间	机修车间	300	280	630	900		2110
	供水车间	213	210	370	600		1393
	小计	513	490	1000	1500		3503
行政管理部门		187	400	540			1127
合计		1700	1230	2340	3000		8505

会计分录：

借：制造费用　3875

　　生产成本——辅助生产成本　3503

　　管理费用　1127

　贷：银行存款　8505

延伸阅读

折旧额计算方法

折旧额计算方法是根据固定资产在整个使用寿命中的磨损状态而确定的。它包括平均年限法、工作量法、双倍余额递减法及年数总和法等。

一、平均年限法

平均年限法又称直线法，是将固定资产的折旧均衡地分摊到各期的一种方法。采用这种方法计算的每期折旧均是等额的。其计算公式如下：

年折旧率 = （1 - 预计净残值率）/预计使用年限 × 100%

月折旧率 = 年折旧率/12

月折旧额 = 固定资产原价 × 月折旧率

上述计算的折旧率是按个别固定资产单独计算的，称为个别折旧率，即某项固定资产在一定期间的折旧额与该固定资产原价的比率。通常，企业按分类折旧来计算折旧率，其计算公式如下：

某类固定资产年折旧额 = （某类固定资产原值 - 预计残值 + 清理费用）/该类固定资产的使用年限

某类固定资产月折旧额 = 某类固定资产年折旧额/12

某类固定资产年折旧率 = 该类固定资产年折旧额/该类固定资产原价 × 100%

采用分类折旧率计算固定资产折旧，计算方法简单，但准确性不如个别折旧率。

采用平均年限法计算固定资产折旧虽然简单，但也存在一些局限性，例如，固定资产在不同使用年限提供的经济效益不同，平均年限法没有考虑到这一事实。又如，固定资产在不同使用年限发生的维修费用也不一样，平均年限法也没有考虑到这一因素。

因此，只有当固定资产各期的负荷程度相同，各期应分摊相同的折旧费时，采用平均年限法计算折旧才是合理的。

二、工作量法

工作量法是根据实际工作量计提折旧额的一种方法。这种方法可以弥补平均年限法只重使用时间不考虑使用强度的缺点。其计算公式为：

每一工作量折旧额＝［固定资产原价×（1－残值率）］/预计总工作量

某项固定资产月折旧额＝该项固定资产当月工作量×每一工作量折旧额

三、双倍余额递减法

双倍余额递减法是在不考虑固定资产残值的情况下，根据每一期期初固定资产账面净值和双倍直线法折旧额计算固定资产折旧的一种方法。其计算公式如下：

年折旧率＝2/预计的折旧年限×100%

月折旧率＝年折旧率/12

月折旧额＝固定资产账面净值×月折旧率

这种方法没有考虑到固定资产的残值收入，因此不能使固定资产的账面折余价值降低到它的预计残值收入以下。实行双倍余额递减法计提折旧的固定资产，应当在其固定资产折旧年限到期的最后两年或者当采用平均年限法（直线法）的折旧额大于等于双倍余额递减法的折旧额时，将固定资产账面净值扣除预计净残值后的余额平均摊销。

例如，某企业一固定资产的原价为10000元，预计使用年限为5年，预计净残值200元，按双倍余额递减法计算折旧，每年的折旧额为：

双倍余额年折旧率＝2÷5×100%＝40%

第一年应提的折旧额＝10000×40%＝4000（元）

第二年应提的折旧额＝（10000－4000）×40%＝2400（元）

第三年应提的折旧额＝（6000－2400）×40%＝1440（元）

从第四年起改按平均年限法（直线法）计提折旧，

第四、第五年的年折旧额＝（10000－4000－2400－1440－200）÷2＝980（元）

四、年数总和法

年数总和法也称合计年限法，是将固定资产的原值减去净残值后的净额，乘以一个逐年递减的分数（称为折旧率），计算折旧额的一种加速折旧方法，这个分数的分子代表固定资产尚可使用的年数，分母代表使用年数的逐年数字总和。其计算公式为：

年折旧率＝尚可使用年数/年数总和

或：年折旧率＝（预计使用年数－已使用年数）/［预计使用年数×（预计使用年数＋1）］/2×100%

月折旧率＝年折旧率/12

月折旧额 =（固定资产原值 - 预计净残值）×月折旧率

仍以前例来说明，若采用年数总和法计算，各年的折旧额如表 2 - 13 所示。

表 2 - 13　　采用年数总和法计算的各年折旧额

年份	尚可使用年限（年）	变动折旧率	每年折旧额（元）	累计折旧（元）
1	5	5/15	3266.7	3266.7
2	4	4/15	2613.3	5880
3	3	3/15	1960	7840
4	2	2/15	1306.7	9146.7
5	1	1/15	653.3	9800

由表 2 - 13 可以看出，年数总和法所计算的折旧费随着年数的增加而逐渐递减，这样可以保持固定资产使用成本的均衡性和防止固定资产因无损耗而遭受的损失。

项目小结

1. 要素费用的归集和分配包括材料费用、外购动力费用、职工薪酬费用、其他要素费用的归集与分配。

2. 材料费用分配方法主要有定额耗用量比例分配法、产品重量比例分配法、产品产量比例分配法、产品材料定额成本比例分配法等。

3. 外购动力费用的分配，在有仪表记录的情况下，应根据仪表所示耗用动力的数量以及动力的单价计算；在没有仪表的情况下，可按生产工时比例、机器工时比例、定额耗电量比例分配。

4. 工资薪金计算方法最基本的是计时工资制度和计件工资制度。

5. 固定资产折旧费用在计提过程中，企业应当按月计提固定资产折旧，当月增加的固定资产当月不计提折旧，从下月起计提折旧；当月减少的固定资产当月仍计提折旧，从下月起停止计提折旧。提足折旧后，不管能否继续使用，均不再提取折旧；提前报废的固定资产，也不再补提折旧。

6. 利息费用一般按季结算支付，季内各月应付的利息，应分月进行预提，并于季末实际支付时冲减预提费用。实际费用与预提费用的差额，应调整计入季末月份的财务费用。

7. 工业企业要素中的税金是管理费用的组成部分，包括房产税、车船使用税、土地使用税和印花税等。

8. 工业企业要素费用中的其他费用，是指除了前面所述各项要素以外的费用，包括邮电费、租赁费、报刊费、排污费、差旅费、职工技术培训费等。

四 技能训练

一、单项选择题

1. （　）属于工资费用，但不计入产品成本或经营管理费用。

A. 退休人员退休金　　B. 福利部门人员工资

C. 管理部门人员工资　　D. 长病假人员工资

2. 随同产品出售并单独计价的包装物，发出时应借记（　）科目。

A. 制造费用　　B. 生产成本　　C. 其他业务支出　　D. 管理费用

3. 材料成本差异科目的借方反映（　）。

A. 材料的实际成本　　B. 材料的计划成本

C. 材料成本的节约差　　D. 材料成本的超支差

4. 在实际工作中，按生活福利部门人员工资和规定比例计提的职工福利费，应记入（　）科目。

A. 管理费用　　B. 制造费用

C. 营业外支出　　D. 应付福利费

5. 下列各项中，不属于工资总额的内容的是（　）。

A. 奖金　　B. 工资性津贴和补贴

C. 劳动保护费　　D. 加班加点工资

6. 与原材料费用分配相同，可以参照原材料的分配方法进行分配的是（　）。

A. 制造费用　　B. 折旧费

C. 固定资产修理费　　D. 燃料、辅助材料费用

二、多项选择题

1. 在按计划成本进行材料核算时，材料明细账平时需要登记（　）。

A. 收入材料的数量　　B. 发出材料的数量

C. 结存材料的数量　　D. 计划单位成本

E. 材料收入、发出和结存的金额

2. 下列选项中，（　）都可以在“原材料”总账科目中核算。

A. 原料及主要材料　　B. 自制半成品　　C. 外购半成品

D. 包装材料　　E. 修理用备件

3. 进行工资费用核算的原始记录有（　）。

A. 考勤簿　　B. 考勤卡　　C. 产量记录

D. 工资结算单　　E. 工资费用分配表

4. 计提的应付福利费主要用于（　）。

A. 医务经费　　B. 医疗卫生费　　C. 劳动保护费

D. 职工困难补助　　E. 生活福利部门人员的工资

5. 下列（　）不应计提折旧。

A. 未使用的房屋建筑物　　B. 超龄使用的固定资产

C. 出租的固定资产　　D. 大修理停用的机器设备

E. 经营租赁方式租入的固定资产

6. 经过要素费用的分配，记入"基本生产成本"科目借方的费用，已经分别计入各产品成本明细账的（　）。

A. 原材料成本项目　　B. 工资及福利费成本项目

C. 制造费用成本项目　　D. 燃料和动力成本项目

E. 废品损失成本项目

7. 报废低值易耗品时，对收回的残料价值应借记"原材料"科目，贷记（　）科目。

A. "制造费用"　　B. "管理费用"　　C. "财务费用"

D. "低值易耗品"　　E. "其他业务支出"

8. 实际成本计价发出材料成本的确定，有（　）方法。

A. 先进先出法　　B. 后进先出法　　C. 移动加权平均法

D. 全月一次加权平均法　　E. 分别计价法

三、判断分析题

1. 对于产品生产过程中耗用的原材料、燃料和动力等费用，可直接计入产品成本明细账的"原材料"或"燃料和动力"成本项目。

2. 为了正确计算产品成本，对生产所剩余料，都应编制退料单，据以退回材料仓库。

3. 对于直接用于产品生产的燃料费用和动力费用，既可以单独计入产品成本的"燃料和动力"成本项目，也可以分别计入"原材料"成本项目和"制造费用"成本项目。

4. 随同工资发放给职工的款项，都应通过"应付工资"账户核算。

5. 固定资产在全部使用年限内的应计提折旧额，也就是固定资产的全部原值。

6. 为了正确计算折旧，月份内增加的固定资产，当月要提折旧，月份内减少的固定资产，当月不提折旧。

7. 要素费用中的利息费用和税金都不是产品成本的组成部分，都是经营管理费用的组成部分。

8. 先进先出法是依据“后入库的材料先发出”这一假定的流转程序来对发出材料计价的。

四、综合实务题

1. 某企业甲、乙两种产品共同耗用 A、B、C 三种原材料，耗用量无法按产品直接划分。甲产品投产 200 件，原材料单位定额为 A 原料 15 千克，B 原料 9 千克，C 原料 4.5 千克；乙产品投产 150 件，原材料单位消耗定额为 A 原料 5 千克，B 原料 3.5 千克，C 原料 2 千克。甲、乙两种产品实际消耗总量为 A 原料 3375 千克，B 原料 2557.5 千克，C 原料 1224 千克。原材料计划单价为 A 原料 7 元，B 原料 4 元，C 原料 3 元，原材料价格差异率为 +1%。要求：根据上述资料，按定额耗用量的比例分配甲、乙两种产品的原材料费用并编制原材料费用分配表。

2. 某企业的包装物出租、出借采用净值摊销法，包装物核算采用实际成本核算。发生以下业务：

（1）2 月出借包装物一批，领用新包装物 10 件，成本 1000 元，收取押金 1500 元。

（2）出租、出借包装物的摊销率为 20%，2 月按规定办法计提摊销额。

（3）3 月按规定计提摊销额。

（4）4 月包装物收回 6 件，其中，5 件能继续使用，1 件已损坏（残料估价 10 元，入原材料仓库）。没收损坏包装物的押金，其余押金退回。

（5）4 月按规定计提摊销额。

要求：编制出包装物有关的会计分录。

3. 某工厂有关资料：

（1）该厂有机器设备一台，原值 270000 元，净残值率 5%，预计可使用 5 年，并预计可使用 9000 工时。最后使用结果为第 1 年使用 1760 工时，第 2 年使用 1820 工时，第 3 年使用 1840 工时，第 4 年使用 1850 工时，第 5 年使用 1730 工时。

（2）通过计算，该厂 7 月各车间和部门应提固定资产折旧 22900 元。其中，第一基本生产车间为 7200 元，第二基本生产车间为 6150 元，修理车间为 3600 元，运输车间为 2700 元，销售部门为 1600 元，行政管理部门为 1650 元。

（3）该厂低值易耗品采用计划成本计价，7 月发生下列经济业务：

10 日，本月份基本生产车间领用专用工具 2 套，每套 1980 元，预计可使用 2 年；修理车间领用工具一批，金额 1500 元，预计可使用 1 年。工具的材料成本差异率

为 -5%，均采用分期摊销法。

31 日，摊销分配基本生产车间本月份应负担的低值易耗品损耗的价值。31 日，摊销分配修理车间本月份应负担的低值易耗品的价值。

31 日，销售部门领用用具一批，金额 200 元；行政管理部门领用管理用具一批，金额 600 元。材料成本差异率均为 3%，均采用一次摊销法。

要求：根据资料（1），分别用平均年限法、工作量法、年数总和法及双倍余额递减法计算该机器设备在使用年限内各年的折旧额。根据资料（2）和（3），编制会计分录。

4. 某工厂发生下列有关的经济业务：

（1）7 月 31 日，根据计量仪表记录本月份共耗用外购动力 47000 度。其中，基本生产车间生产 A、B 两种产品，动力用电 40000 度，照明用电 1000 度，修理车间用电 2000 度，运输车间用电 600 度，销售部门用电 800 度，行政管理部门用电 2600 度，每度 0. 20 元。对直接用于产品的外购动力，采用生产工时比例标准进行分配。据统计，A 产品耗用 22000 工时，B 产品耗用 10000 工时。

（2）8 月 2 日，收到电力公司账单，列明上月耗用电力 47000 度，每度 0. 40 元，计价款 18800 元。签发支票付讫。

要求：编制外购动力费用分配表，编制会计分录。

5. 某工厂 7 月发生下列经济业务：

（1）31 日，根据工资结算汇总表，提取现金备发工资。

（2）31 日，根据工资结算汇总表中应发工资及代扣款项发放工资。

（3）31 日，根据工资结算汇总表支付非工资性津贴。

（4）31 日，第一基本生产车间生产 A、B 两种产品，其计件工资为 30000 元，其中，用于 A 产品 17500 元，用于 B 产品 12500 元；第二基本生产车间生产 C、D 两种产品，其计件工资为 24000 元，其中，用于 C 产品 14000 元，用于 D 产品 10000 元。这两个基本生产车间其余部分生产工人工资属于间接计入工资费用，分别按第一、第二基本生产车间生产各自产品的实际工时分配。据统计，A 产品耗用 7500 工时，B 产品耗用 5000 工时，C 产品耗用 5500 工时，D 产品耗用 4500 工时，分配本月份各类人员的工资。

（5）31 日，根据工资结算汇总表（见表 2 - 14）及工资分配的情况，按工资总额的 14% 计提职工福利费。

表 2－14　　　　　　　　　　**工资结算汇总表**　　　　　　　　　　单位：元

车间或部门	职工类别	应发计时工资	计件工资	工资性津贴和补贴		奖金	应发工资	非工资性津贴		代扣款项		实发金额
				中夜班补贴	食品补贴			车补	房补	住房公积金	养老保险金	
基本生产一车间	生产工人	22000	30000	1500	5100	11600	70200	3340	400	4914	3510	65516
	管理人员	2400			300	700	3400	160	20	238	170	3172
基本生产二车间	生产工人	16600	24000	1000	4000	8400	54000	2560	307	3780	2700	50387
	管理人员	1800			250	550	2600	140	15	182	130	2443
发电车间	全部人员	4500			450	950	5900	280	34	413	295	5506
修理车间	全部人员	3980			400	820	5200	260	30	364	260	4866
销售部门	销售人员	3500			350	750	4600	220	26	322	230	4294
行政管理部门	管理人员	5200			500	1100	6800	320	39	476	340	6343
医务部门	医务人员	990			100	110	1200	60	11	84	60	1127
合计		60970	54000	2500	11450	24980	153900	7340	882	10773	7695	143654

要求：编制会计分录并编制工资费用分配表。

6. 某企业短期借款利息采用分月预提，季末结算的办法。第三季度按计划每月预提6000元，9月银行通知从该企业银行存款中支付全季利息费用17000元。要求：编制7月、8月、9月三个月预提和实付利息费用的会计分录。

项目三　综合费用的归集与分配

职业能力目标

- 能够熟悉综合费用归集的方法
- 能够掌握综合费用分配的方法、特征及适用对象
- 能够理解生产损失的归集与分配

关键概念

辅助生产费用　制造费用　废品损失　停工损失

结构导图

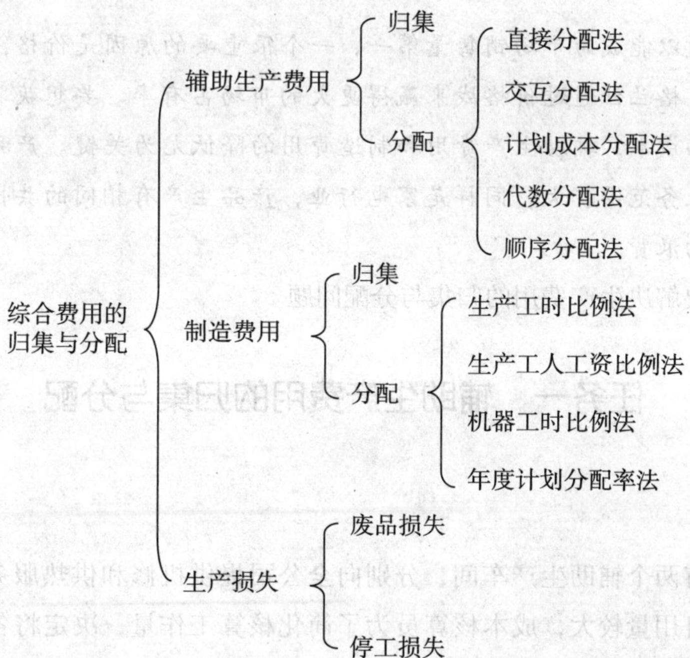

项目导入

格兰仕创建于1978年，前身是一家乡镇羽绒制品厂。在1992年，带着让中国品牌在微波炉行业扬眉吐气、让微波炉进入中国百姓家庭的雄心壮志，格兰仕大胆闯入家电业。格兰仕微波炉从零开始，迅猛发展。在2001年，格兰仕在带着微波炉产业稳步升级的同时，开始进军空调产业，到2006年，格兰仕已经蝉联了12年中国微波炉市场销量及占有率第一的双项桂冠，连续9年荣获微波炉出口销量和创汇双冠。

格兰仕发展到今天，有一个鲜明不变的主旋律——价格战。格兰仕持之以恒坚守价格战略，是公认的“家电大鳄”“价格杀手”，在微波炉行业，十年磨一剑，杀得竞争对手“伤痕累累”“尸横遍地”，其参与竞争的有力武器还是“价格屠刀”，目的就是要摧毁“打价值不打价格战”的真实“谎言”。作为已被全世界公认的“全球制造”的格兰仕，在全球产业链中间扮演着生产制造商的角色，其生产制造出来的是全球最优秀的产品，同时又是相对成本最低的产品。从某种意义上来说，价格战就是成本战，降低成本才能真正地降低价格，薄利多销、货真价实、价廉物美，永远是格兰仕努力追求的方向和努力拼搏的目标。

请问：

格兰仕能成为市场销售量第一的原因是什么？你认为产品生产多元化对企业有什么好处？

格兰仕之所以能成为市场销售量第一，一个很重要的原因是价格，物美价廉是消费者所需求的，格兰仕通过价格战来赢得更大的市场占有率。要想获取有利价格，就要相应降低产品成本，辅助生产费用和制造费用的降低尤为关键。产品生产的多元化也让格兰仕的业务范围扩大，同样是家电行业，产品生产有相同的共性，会在生产费用中减少资源的浪费。

本项目就要解决生产费用的归集与分配问题。

任务一　辅助生产费用的归集与分配

任务导入

兴远公司有两个辅助生产车间，分别向全公司提供机修和供热服务，两个车间也彼此提供劳务且用量较大，成本核算员为了简化核算工作量，决定将各辅助生产车间归集的费用一次性分配给辅助生产车间以外的受益对象，直接记入“生产成本——基本生产成本”“制造费用”“管理费用”等账户，你认为这样的做法合理吗？如果你是这个公司的一名成本核算员，请你提出理想的处理方法。

任务知识

一、辅助生产费用的归集

1. 辅助生产费用的内容

在生产规模较大的制造企业，除基本生产车间外，一般都设有辅助生产车间，如供电车间、供水车间、机修车间、运输车间和锅炉车间等。这些辅助生产车间是为了保证基本生产车间产品生产的正常进行，以满足企业内部需求为主要任务的。

辅助生产车间在提供劳务或产品的过程中会发生各种耗费，如原材料费用、工资费用、固定资产折旧费用、修理费、办公费、水电费和保险费等。具体来说，辅助生产车间提供的是劳务，如供电、供水、供气（汽）、运输和修理等；辅助生产车间也提供产品，如工具、模具和修理用配件等。这些劳务或产品绝大多数被企业内部各车间、部门所消耗、领用，因此被称为辅助生产费用。其中，基本生产车间所耗用的部分是产品成本的一部分，行政管理部门耗用的部分是管理费用的一部分。

辅助生产车间发生的各项耗费一般包括材料费用、人工费用和制造费用。

（1）材料费用。材料费用是指辅助生产车间为提供劳务或产品而直接消耗的各种材料，包括原料及主要材料、辅助材料、外购半成品、修理用配件、包装材料和燃料等的费用。

（2）人工费用。人工费用是指辅助生产车间直接从事劳务供应或产品生产人员的职工薪酬，包括工资、奖金、津贴、补贴以及其他费用。

（3）制造费用。制造费用是指辅助生产车间为组织和管理生产所发生的各项耗费，包括辅助生产车间管理人员的职工薪酬，辅助生产车间厂房、机器设备等固定资产的折旧费、修理费、水电费、取暖费、租赁费、机物料消耗费、财产保险费、低值易耗品摊销费，以及其他制造费用。

2. 辅助生产费用的归集方法

辅助生产费用的归集取决于辅助生产部门的生产特点。生产一种产品或提供单一劳务的辅助生产部门，如供电车间、供水车间和运输车间等，其所发生的费用都属于直接费用，因而在发生时可直接计入该产品或劳务的相关成本项目。提供多种产品或劳务的辅助生产部门，如修理车间、工模具制造车间等，所发生的费用需由两个或两个以上的产品或劳务来负担，因此，需将共同费用在不同的受益对象间进行分配。

为了归集辅助生产费用和计算辅助生产产品或劳务的成本，需设置“生产成本——辅助生产成本”账户。该账户借方登记为进行辅助生产所发生的一切耗费，包括辅助生产车间内直接发生的耗费，以及从其他辅助生产车间分配转入的耗费；该账户贷方登记完工入库的自制材料、工模具的成本，以及向其他辅助生产车间、基本生产车间、行政管理部门、销售部门等受益单位分配转出的劳务费；该账户期末如借方有余额，表示辅助生产车间的在产品成本。

在“生产成本——辅助生产成本”账户下，需要根据辅助生产的车间、产品或者劳务再设置明细账户，进行明细核算。对于规模较小，发生的制造费用不多，也不对外提供劳务或销售产品的车间，为了简化核算工作，辅助生产车间的制造费用可以不单独设置“制造费用——辅助生产车间”明细账，而直接计入“生产成本——辅助生产成本”科目及其明细账。这时“生产成本——辅助生产成本”明细账应按成本项目与费用项目相结合的方式设置专栏。日常发生的各种辅助生产费用，在“生产成本——辅助生产成本”科目的借方进行归集。表 3－1、表 3－2 为宏光工厂的辅助生产成本明细账。

表 3－1　　生产成本——辅助生产成本（1）

车间：锅炉　　单位：元

20×7 年		凭证字号	摘要	直接材料	直接人工	燃料及动力费	折旧费	办公费	保险费	机物料消耗	其他	发生额合计		余额
月	日											借方	贷方	
×	31	略	原材料费用分配表	60000								60000		60000
	31		燃料费用分配表			22000						22000		82000
	31		低值易耗品费用分配表							2500		2500		84500
	31		动力费用分配表			80000						80000		164500
	31		职工薪酬分配表		84360							84360		248860
	31		折旧费用分配表				15600					15600		264460
	31		其他费用分配表					4860	14160		3820	22840		287300
	31		分配转出										287300	0
	31		本月合计	60000	84360	102000	15600	4860	14160	2500	3820	287300	287300	0

表 3-2　　　　　　　　**生产成本——辅助生产成本（2）**

车间：机修　　　　　　　　　　　　　　　　　　　　　　　　　　单位：元

20×7 年		凭证字号	摘要	直接材料	直接人工	燃料及动力费	折旧费	办公费	保险费	机物料消耗	其他	发生额合计		余额
月	日											借方	贷方	
×	31	略	原材料费用分配表	12000								12000		12000
	31		燃料费用分配表			8000						8000		20000
	31		低值易耗品费用分配表							1200		1200		21200
	31		动力费用分配表			40000						40000		61200
	31		职工薪酬分配表		46740							46740		107940
	31		折旧费用分配表				8000					8000		115940
	31		其他费用分配表					2400	3460		1200	7060		123000
	31		分配转出										123000	0
	31		本月合计	12000	46740	48000	8000	2400	3460	1200	1200	123000	123000	0

二、辅助生产费用的分配

辅助生产费用的分配，就是将归集在“生产成本——辅助生产成本”总账及明细账借方的辅助生产费用，采用一定的处理方法进行结转和分配。

1. 辅助生产费用的分配原则

为了正确分配辅助生产费用，应遵循以下分配原则。

（1）谁受益谁承担的原则。接受辅助生产车间提供的劳务或生产的产品的受益单位，均应负担辅助生产费用。其中，凡是能够直接确认受益对象的，应直接计入各对象的成本；不能直接确认受益对象的，应按受益比例在各受益单位之间进行分配，受益多的多分配，受益少的少分配。

（2）方法简便、合理的原则。辅助生产费用的分配采用既简便又合理的方法进行。企业应该根据辅助生产车间提供劳务的具体情况及其管理上的要求选择合适的分配方法进行分配，既不能只求分配方法简单而忽略了分配结果的准确，又不能只求分配结果的准确而分配方法过于复杂。

2. 辅助生产费用的分配方法

辅助生产车间所生产产品应在完工入库时从“生产成本——辅助生产成本”科目的贷方转入“周转材料”或“原材料”等科目的借方；提供劳务的辅助生产部门所发生的费用要在各受益单位之间按照所耗数量或其他比例进行分配，分配后从“生产成本——辅助生产成本”科目的贷方转入“生产成本——基本生产成本”“制造费用”“销售费用”“管理费用”和“在建工程”等科目的借方。

辅助生产费用的分配方法主要有直接分配法、交互分配法、计划成本分配法、代数分配法和顺序分配法等。

(1) 直接分配法

直接分配法是将辅助生产费用直接分配给辅助生产车间以外的各受益单位的方法。此方法是辅助生产费用分配的基本方法，在分配中不考虑辅助生产车间之间相互提供劳务或产品的情况。其计算公式如下：

$$费用分配率=\frac{该辅助生产车间待分配费用总额}{该辅助生产车间对外提供的劳务总量}$$

$$辅助生产车间以外各受益单位应负担的费用=辅助生产车间以外各受益单位耗用劳务数量\times费用分配率$$

【例3-1】 宏光工厂20×7年×月锅炉车间和机修车间成本总额分别为287300元和123000元（见表3-1、表3-2），辅助生产车间提供的劳务量汇总如表3-3所示。

表3-3　　辅助生产车间提供劳务量汇总表

受益对象		供气（吨）	机修（小时）
辅助生产车间	锅炉车间		2000
	机修车间	4000	
基本生产车间		95000	25000
行政管理部门		35000	5000
合计		134000	32000

根据辅助生产车间提供劳务量汇总表，用直接分配法计算各辅助生产车间的费用分配率如下：

$$锅炉车间费用分配率=\frac{287300}{130000}=2.21（元/吨）$$

$$机修车间费用分配率=\frac{123000}{30000}=4.10（元/吨）$$

根据费用分配率计算的各受益对象应负担的辅助生产成本，如表3-4所示。

表 3－4　　　　辅助生产费用分配表（直接分配法）

20×7 年×月　　　　　　　　　　　　　　　　　　　　金额单位：元

<table>
<tr><td colspan="3">辅助生产车间名称</td><td>锅炉车间</td><td>机修车间</td><td>合计</td></tr>
<tr><td colspan="3">待分配费用</td><td>287300</td><td>123000</td><td>410300</td></tr>
<tr><td colspan="3">供应辅助生产车间以外的劳务量</td><td>130000</td><td>30000</td><td></td></tr>
<tr><td rowspan="4">应借科目</td><td rowspan="2">制造费用——基本生产车间</td><td>耗用劳务量</td><td>95000</td><td>25000</td><td></td></tr>
<tr><td>分配金额</td><td>209950</td><td>102500</td><td>312450</td></tr>
<tr><td rowspan="2">管理费用</td><td>耗用劳务量</td><td>35000</td><td>5000</td><td></td></tr>
<tr><td>分配金额</td><td>77350</td><td>20500</td><td>97850</td></tr>
<tr><td colspan="3">分配金额合计</td><td>287300</td><td>123000</td><td>410300</td></tr>
</table>

根据辅助生产费用分配表编制会计分录：

借：制造费用——基本生产车间　312450

　　管理费用　　　　　　　　　97850

　贷：生产成本——辅助生产成本——锅炉车间　287300

　　　　　　　　　　　　　　　——机修车间　123000

采用直接分配法，各辅助生产车间的耗费只需直接对外一次分配即可完成，因此计算方法最为简便；但是，在计算耗费分配率时待分配耗费没有包括耗用其他辅助生产车间劳务的成本，因此，该辅助生产车间归集的耗用是不完整的，并不是该辅助生产车间的实际耗费，因而分配结果也就不够准确。此方法一般适用于辅助生产车间之间相互不提供劳务或相互提供劳务不多的企业。

（2）交互分配法

交互分配法是对辅助生产部门相互提供的劳务先行交互分配，然后将各辅助生产部门交互分配后的实际费用全部分配给辅助生产部门以外各受益单位的一种分配方法。这种分配方法的特点是两次分配。第一次分配是先根据各辅助生产部门相互提供的劳务数量和交互分配前的分配率进行一次交互分配；第二次分配是将各辅助生产部门交互分配后的实际费用（即交互分配前的费用加上交互分配转入的费用减去交互分配转出的费用）再向辅助生产部门以外各受益单位进行分配。其计算公式如下：

第一次：交互分配。

$$交互分配率=\frac{该辅助生产车间发生的费用总额}{该辅助生产车间提供的劳务总量}$$

该辅助生产车间应分配的辅助生产费用＝该辅助生产车间接受的劳务数量×交互分配率

第二次：对外分配。

$$对外分配率=\frac{该辅助生产车间对外分配后的费用}{该辅助生产车间对外提供的劳务总量}$$

$$该辅助生产车间对外分配后的费用=该辅助生产车间原发生的费用总额+交互分配分入费用-交互分配分出费用$$

$$辅助生产车间以外各受益单位应分摊的辅助生产费用=辅助生产车间以外各受益单位接受的劳务数量\times对外分配率$$

【例3-2】 仍以【例3-1】为资料，采用交互分配法对辅助生产费用进行分配，分配表如表3-5所示。

表3-5　　辅助生产费用分配表（交互分配法）

20×7年×月　　金额单位：元

<table>
<tr><th colspan="4">项目</th><th colspan="3">交互分配</th><th colspan="3">对外分配</th></tr>
<tr><td colspan="4">辅助生产车间名称</td><td>锅炉车间</td><td>机修车间</td><td>合计</td><td>锅炉车间</td><td>机修车间</td><td>合计</td></tr>
<tr><td colspan="4">待分配费用</td><td>287300</td><td>123000</td><td>410300</td><td>286000</td><td>124300①</td><td>410300</td></tr>
<tr><td colspan="4">劳务供应数量总额</td><td>134000</td><td>32000</td><td></td><td>130000</td><td>30000</td><td></td></tr>
<tr><td colspan="4">费用分配率</td><td>2.14</td><td>3.84</td><td></td><td>2.20</td><td>4.13</td><td></td></tr>
<tr><td rowspan="9">应借账户</td><td rowspan="5">辅助生产成本</td><td rowspan="2">锅炉车间</td><td>数量</td><td></td><td>2000</td><td></td><td></td><td></td><td></td></tr>
<tr><td>金额</td><td></td><td>7680</td><td>7680</td><td></td><td></td><td></td></tr>
<tr><td rowspan="2">机修车间</td><td>数量</td><td>4000</td><td></td><td></td><td></td><td></td><td></td></tr>
<tr><td>金额</td><td>8560</td><td></td><td>8560</td><td></td><td></td><td></td></tr>
<tr><td colspan="2">金额小计</td><td>8560</td><td>7680</td><td>16240</td><td></td><td></td><td></td></tr>
<tr><td rowspan="2">制造费用</td><td rowspan="2">基本生产车间</td><td>数量</td><td></td><td></td><td></td><td>95000</td><td>25000</td><td></td></tr>
<tr><td>金额</td><td></td><td></td><td></td><td>209000</td><td>103250</td><td>312250</td></tr>
<tr><td rowspan="2">管理费用</td><td colspan="2">数量</td><td></td><td></td><td></td><td>35000</td><td>5000</td><td></td></tr>
<tr><td colspan="2">金额</td><td></td><td></td><td></td><td>77000②</td><td>21050③</td><td>98050</td></tr>
<tr><td colspan="4">对外分配金额合计</td><td></td><td></td><td></td><td>286000</td><td>124300</td><td>410300</td></tr>
</table>

注：①②③的数据为倒推求得。

表格中分配率的计算说明：

$$锅炉车间交互分配率=\frac{287300}{134000}=2.14\ （元/吨）$$

$$机修车间交互分配率=\frac{123000}{32000}=3.84\ （元/小时）$$

$$锅炉车间对外分配率=\frac{287300+7680-8560}{130000}=2.20\text{（元/吨）}$$

$$机修车间对外分配率=\frac{123000+8560-7680}{30000}=4.13\text{（元/小时）}$$

根据辅助生产费用分配表编制的会计分录如下：

第一次交互分配会计分录：

借：生产成本——辅助生产成本——锅炉车间　7680

　贷：生产成本——辅助生产成本——机修车间　7680

借：生产成本——辅助生产成本——机修车间　8560

　贷：生产成本——辅助生产成本——锅炉车间　8560

第二次对外分配会计分录：

借：制造费用——基本生产车间　312250

　　管理费用　　　　　　　　　98050

　贷：生产成本——辅助生产成本——锅炉车间　286000

　　　　　　　　　　　　　　　——机修车间　124300

采用交互分配法对辅助生产费用在辅助生产部门内部进行分配，提高了分配结果的客观性和准确性。但因为要进行交互和对外两次分配，所以增加了计算工作量；另外，由于交互分配率是根据交互分配前的待分配费用计算的，不是各辅助生产部门的实际单位成本，因而分配结果也不是很准确。此方法一般适用于各辅助生产部门之间相互提供劳务较多的企业。

（3）计划成本分配法

计划成本分配法是将辅助生产费用按提供劳务的计划单位成本和各受益单位的受益量进行分配的一种方法。首先按劳务的计划单位成本分配辅助生产部门为各受益单位（包括其他辅助生产部门）提供的费用，然后将辅助生产部门实际发生的费用（包括交互分配转入的费用在内）与按计划成本分配出去的费用差额即成本差异分配给辅助生产以外的受益单位。其计算公式如下：

第一步：按计划成本分配。

各受益部门应负担某项劳务的计划成本=各受益部门的受益数量×计划单位成本

第二步：计算并分配成本差异。

成本差异=各辅助生产车间发生的费用+按计划成本分配转入的费用－按计划成本分配转出的费用

$$成本差异分配率=\frac{成本差异额}{辅助生产车间以外的受益单位劳务量}$$

各受益单位应分配成本差异 = 各受益部门的受益数量 × 成本差异分配率

【例 3 -3】 仍以【例 3 -1】为资料，采用计划成本分配法分配辅助生产费用，计划单位成本锅炉车间的蒸汽每吨 2.3 元，机修车间每小时 3.8 元，编制辅助生产费用分配表，如表 3 -6 所示。

表 3 -6　　辅助生产费用分配表（计划成本分配法）

20×7 年×月　　金额单位：元

<table>
<tr><th colspan="4" rowspan="2">项目</th><th colspan="2">锅炉车间</th><th colspan="2">机修车间</th><th rowspan="2">费用合计</th></tr>
<tr><th>数量</th><th>金额</th><th>数量</th><th>金额</th></tr>
<tr><td colspan="4">待分配费用</td><td></td><td>287300</td><td></td><td>123000</td><td>410300</td></tr>
<tr><td rowspan="7">计划成本分配</td><td colspan="3">计划单位成本</td><td></td><td>2.3</td><td></td><td>3.8</td><td></td></tr>
<tr><td rowspan="5">应借账户</td><td rowspan="3">辅助生产成本</td><td>锅炉车间</td><td></td><td></td><td>2000</td><td>7600</td><td>7600</td></tr>
<tr><td>机修车间</td><td>4000</td><td>9200</td><td></td><td></td><td>9200</td></tr>
<tr><td>小　计</td><td></td><td>9200</td><td></td><td>7600</td><td>16800</td></tr>
<tr><td colspan="2">制造费用</td><td>95000</td><td>218500</td><td>25000</td><td>95000</td><td>313500</td></tr>
<tr><td colspan="2">管理费用</td><td>35000</td><td>80500</td><td>5000</td><td>19000</td><td>99500</td></tr>
<tr><td colspan="3">计划成本分配合计</td><td></td><td>308200</td><td></td><td>121600</td><td>429800</td></tr>
<tr><td colspan="4">辅助生产实际成本</td><td></td><td>294900</td><td></td><td>132200</td><td>427100</td></tr>
<tr><td rowspan="5">成本差异分配</td><td colspan="3">待分配成本差异额</td><td></td><td>-13300</td><td></td><td>10600</td><td>-2700</td></tr>
<tr><td colspan="3">分配率</td><td></td><td>0.1023</td><td></td><td>0.3533</td><td></td></tr>
<tr><td colspan="2" rowspan="2">应借账户</td><td>制造费用</td><td>95000</td><td>-9720</td><td>25000</td><td>8830</td><td>-890</td></tr>
<tr><td>管理费用</td><td>35000</td><td>-3580①</td><td>5000</td><td>1770①</td><td>-1810</td></tr>
<tr><td colspan="3">成本差异分配合计</td><td></td><td>-13300</td><td></td><td>10600</td><td>-2700</td></tr>
</table>

注：①的数据为倒推求得。

根据辅助生产费用分配表编制的会计分录如下：

第一步：计划成本分配的会计分录。

借：生产成本——辅助生产成本——锅炉车间　7600
　　　　　　　　　　　　——机修车间　9200
　　制造费用——基本生产车间　　　313500
　　管理费用　　　　　　　　　　　99500
　贷：生产成本——辅助生产成本——锅炉车间　308200
　　　　　　　　　　　　　——机修车间　121600

第二步：成本差异分配的会计分录。

借：制造费用——基本生产车间　　－890

　　管理费用　　　　　　　　　－1810

　贷：生产成本——辅助生产成本——锅炉车间　－13300

　　　　　　　　　　　　　　　——机修车间　10600

采用计划成本分配法，由于辅助生产车间的产品或劳务的计划单位成本有现成资料，只要有各受益单位耗用辅助生产车间的产品或劳务量，就可以进行分配，从而简化和加速分配的计算工作；按照计划单位成本分配，排除了辅助生产实际费用的高低对各受益单位成本的影响，便于考核和分析各受益单位的经济责任，还能够反映辅助生产车间产品或劳务的实际成本脱离计划成本的程度。但是，采用这种分配方法，辅助生产产品或劳务的计划单位成本必须计算得比较准确，否则会影响分配结果的合理性。

（4）代数分配法

代数分配法是运用代数中多元一次联立方程的原理，在辅助生产车间之间相互提供产品或劳务情况下的一种辅助生产成本分配法。采用这种分配方法，首先，应根据各辅助生产车间相互提供产品和劳务的数量求解联立方程式，计算辅助生产产品或劳务的单位成本；其次，根据各受益单位（包括辅助生产内部和外部各单位）耗用产品或劳务的数量和单位成本计算分配辅助生产费用。其计算步骤如下：

第一步：设未知数并根据辅助生产车间之间交互服务关系建立方程组。

第二步：解方程组，算出各种产品或劳务的单位成本。

第三步：用单位成本乘以各受益部门的耗用量，求出各受益部门应分配计入的辅助生产费用。

【例3－4】仍以【例3－1】为资料，采用代数分配法进行分配。

第一步：设 X 为每吨供气成本，Y 为每小时修理的成本，则设立联立方程为：

$$\begin{cases}287300+2000Y=134000X & (1)\\ 123000+4000X=32000Y & (2)\end{cases}$$

第二步：将式（1）移项，得：

$$2000Y=134000X-287300$$

$$Y=\frac{134000X-287300}{2000}=67X-143.65 \qquad (3)$$

将式（3）代入式（2），得：

$$123000+4000X=32000\times(67X-143.65)$$

$123000+4000X=214400X-459680$

$214000X=471980$

$X=2.2055$（元）

将 $X=2.2055$ 代入式（3），得：

$Y=67\times 2.2055-143.65=4.1185$（元）

根据上述计算结果，编制代数分配法的辅助生产费用分配表，如表 3－7 所示。

表 3－7　　　　辅助生产费用分配表（代数分配法）

20×7 年×月　　　　　　　　　　　　　　　　　　　　金额单位：元

辅助生产部门名称				锅炉车间	机修车间	合计
待分配费用				287300	123000	410300
劳务供应总量				134000	32000	
用代数法算出实际单位成本				2.2055	4.1185	
应借账户	辅助生产成本	锅炉车间	耗用数量		2000	
			分配金额		8237	8237
		机修车间	耗用数量	4000		
			分配金额	8822		8822
		分配金额小计		8822	8237	17059
	制造费用	基本生产车间	耗用数量	95000	25000	
			分配金额	209522.5	102962.5	312485
	管理费用	耗用数量		35000	5000	
		分配金额		77192.5	20592.5	97785
分配金额合计				295537	131792	427329

说明：辅助生产部门分配金额合计 427329 元，与待分配金额合计 410300 元相差 17029 元，这是由两辅助生产车间之间交互分配费用内部转账以及单位成本的小数造成的。

根据表 3－7 辅助生产费用分配表编制的会计分录如下：

借：生产成本——辅助生产成本——锅炉车间　8237

　　　　　　　　　　　　　　——机修车间　8822

　　制造费用——基本生产车间　　　　　　312485

　　管理费用　　　　　　　　　　　　　　97785

　贷：生产成本——辅助生产成本——锅炉车间　295537

　　　　　　　　　　　　　　　——机修车间　131792

采用代数分配法分配辅助生产费用，分配结果最准确，但在分配之前要解联立方程式，如果辅助生产部门较多，计算工作就比较复杂，因而这种方法应用在计算工作已经采用电算化的企业中比较适宜。

（5）顺序分配法

顺序分配法又名阶梯法，是根据各部门受益多少的顺序来分配辅助生产费用的一种方法。顺序分配法是受益少的排在前面，先行分配，受益多的排在后面，再行分配。其分配特点是，前者分配给后者，而后者不分配给前者，后者的分配额等于其直接费用加上前者分配来的费用之和。

【例3－5】仍以【例3－1】为资料，宏光工厂的两个辅助生产车间相互提供劳务，但锅炉车间耗用机修车间的修理工时较少，机修车间耗用锅炉车间的供气较多。

分配顺序：锅炉车间→机修车间。

根据这一顺序编制辅助生产费用分配表，如表3－8所示。

表3－8　　辅助生产费用分配表（顺序分配法）

20×7年×月　　　　金额单位：元

供应单位 \ 应借账户		辅助生产成本		制造费用	管理费用	合计
		锅炉车间	机修车间	基本生产车间		
锅炉车间	供应数量		4000	95000	35000	134000
	直接费用					287300
	待分配费用					287300
	分配率					2.14403
	分配金额		8576.1	203682.9	75041	287300
机修车间	供应数量			25000	5000	30000
	直接费用					123000
	待分配费用					131576.1①
	分配率					4.38587
	分配金额			109646.8	21929.3	131576.1
分配金额合计			8576.1	313329.7	96970.3	418876.1

注：①机修车间待分配费用：直接费用＋分配入费用＝123000＋8576.1＝131576.1。

根据表3－8辅助生产费用分配表编制的会计分录如下：

借：生产成本——辅助生产成本——机修车间　　8576.1

　　制造费用——基本生产车间　　313329.7

　　管理费用　　96970.3

贷：生产成本——辅助生产成本——锅炉车间　287300

——机修车间　131576.1

采用顺序分配法不进行交互分配，各辅助生产部门只分配一次辅助生产费用，即分配给辅助生产以外的受益单位和排在后面的其他辅助生产部门，因而计算工作较为简便。但顺序分配法未全面考虑辅助生产部门之间的交互服务关系，因此，分配结果不够准确。另外，各辅助生产部门费用分配的先后顺序也较难确定。因此，这种方法一般只适用于辅助生产部门较多且交互服务数量有明显顺序的企业。

任务二　制造费用的归集与分配

任务导入

通海公司基本生产车间生产甲、乙、丙三种产品，共计生产工时22000小时，其中，甲产品7500小时，乙产品8500小时，丙产品6000小时。本月发生各种间接费用如下：以银行存款支付劳动保护费1300元；车间管理人员工资4000元；按车间管理人员工资的14%提取福利费；车间消耗材料1700元；车间固定资产折旧费1600元；预提修理费500元；本月摊销保险费400元；辅助生产车间（修理、运输）转入费用1200元；以银行存款支付办公费、水电费、邮电费以及其他支出等共计1940元。

作为企业会计人员，请试着归集和分配制造费用并进行账务处理。

任务知识

一、制造费用的归集

1. 制造费用的内容

企业在生产产品的过程中，除了直接耗用的各种材料、人工等费用外，还会发生与产品制造有关的其他各种费用，如生产管理部门的人员工资、生产部门的房屋设备折旧费等，这些都是产品成本的重要构成内容，需要通过制造费用账户进行核算。制造费用就是制造企业内各生产单位为生产产品（或提供劳务）而发生的，应计入产品成本但没有专设成本项目的各项间接费用。

企业生产有基本生产和辅助生产之分，因而制造费用有基本生产部门和辅助生产部门的区别。因辅助生产车间制造费用已在本项目任务一作过解释，本任务主要阐述基本生产车间制造费用，其内容可以概括为以下三大方面。

（1）间接用于产品生产的耗费

制造费用大部分是间接用于产品生产的耗费，如机物料耗费，车间生产用房屋及建筑物的折旧费、修理费、租赁费和保险费，车间生产用的照明费、取暖费、运输费、劳动保护费，以及季节性和修理期间的停工损失等。

（2）直接用于产品生产的耗费

这些耗费虽然用于产品生产，但管理上不要求或不便于单独核算，因而没有专设成本项目，如机器设备的折旧费、修理费、租赁费和保险费，生产工具的摊销费，产品设计制图费和试验检验费，未专设成本项目的生产工艺用动力费等。

（3）生产单位组织管理生产而发生的耗费

这些耗费虽然具有管理费用的性质，但由于车间（或分厂）是企业从事生产活动的单位，管理费用与制造费用很难严格区分，为了简化核算工作，其也作为制造费用核算。这些耗费主要有车间管理人员的职工薪酬，车间管理用房屋和设备的折旧费、修理费、租赁费和保险费，车间管理用具摊销，车间管理用照明费、水费，取暖费、差旅费和办公费等。

2. 制造费用的归集

制造费用的归集通过“制造费用”账户进行，该账户按不同的生产车间、部门设立明细账，账内再按照费用项目设立专栏分别反映各部门制造费用的具体发生情况，通常明细项目有机物料消耗、工资及福利费、折旧费、租赁费、保险费、低值易耗品摊销、水电费、取暖费、运输费、劳动保护费、设计制图费、试验检验费、差旅费、办公费、在产品盘亏、毁损和报废，以及季节性及修理期间停工损失等。“制造费用”账户的借方登记某会计期间生产过程中所发生的各项制造费用，贷方登记在会计报告期末分配计入各种产品成本的制造费用，期末一般无余额。

以宏光工厂为例，其5月制造费用归集如表3－9所示。

表3－9　　**制造费用明细账**

车间：一车间　　单位：元

20×7年		凭证字号	摘要	工资及福利费	折旧费	动力费	低值易耗品摊销	办公费	机物料消耗	水电费	发生额合计		余额
月	日										借方	贷方	
×	31	略	原材料费用分配表						9500		9500		9500

续表

20×7年		凭证字号	摘要	工资及福利费	折旧费	动力费	低值易耗品摊销	办公费	机物料消耗	水电费	发生额合计		余额
月	日										借方	贷方	
	31		低值易耗品费用分配表				1200				1200		10700
	31		外购动力费用分配表							600	600		11300
	31		职工薪酬分配表	5130							5130		16430
	31		折旧费用分配表		5000						5000		21430
	31		其他费用分配表					7780			7780		29210
	31		辅助生产费用分配表			31252					31252		60462
	31		分配转出									60462	0
	31		本月合计	5130	5000	31252	1200	7780	9500	600	60462	60462	0

二、制造费用的分配

1. 制造费用分配原则

本期发生的制造费用归集汇总后，应于期末按一定的标准分配给本车间的受益对象。在只生产一种产品的车间，所发生的制造费用是直接制造费用，应直接计入该产品的成本。在生产多种产品且产品成本是在不同的生产小组进行的车间，如果是在各生产小组按产品品种分工生产的情况下，各小组本身发生的制造费用是直接制造费用，应直接计入各产品成本，各小组共同发生的耗费是间接制造费用，则应按一定的方法分配计入各产品的成本；如果是在各生产小组按生产工艺分工生产的情况下，则车间发生的所有制造费用都是间接制造费用，都应按一定的标准在车间所生产的产品中进行分配。

2. 制造费用分配方法

制造费用的分配方法一般有生产工时比例法、生产工人工资比例法、机器工时比例法以及年度计划分配率法。

（1）生产工时比例法

生产工时比例法是按照各种产品所用生产工人工时的比例分配制造费用的一种方法。其计算公式如下：

$$制造费用分配率 = \frac{待分配的制造费用}{\sum 各产品生产工时}$$

某种产品应分配的制造费用 = 该种产品生产工时 × 制造费用分配率

【例 3 - 6】 假定宏光工厂所生产的甲、乙两种产品按生产工人的实际生产工时比例分配制造费用，则根据表 3 - 9 所示的制造费用明细账中借方发生额资料，以及生产统计资料中记录的甲、乙产品的生产工时分别为 4100 小时和 2050 小时情况，计算甲、乙产品各自负担的制造费用。

第一步：计算制造费用分配率。

$$制造费用分配率 = \frac{60462}{4100 + 2050} = 9.8312$$

第二步：计算甲、乙两种产品各自应负担的制造费用。

甲产品应分配的制造费用 = 4100 × 9.8312 = 40307.92（元）

乙产品应分配的制造费用 = 60462 - 40307.92 = 20154.08（元）

在实际工作中，制造费用的分配可以通过编制制造费用分配表来进行。根据上述计算，编制制造费用分配表，如表 3 - 10 所示。

表 3 - 10　　制造费用分配表

20×7 年×月　　金额单位：元

产品名称	生产工时（小时）	分配率	分配额
甲产品	4100		40307.92
乙产品	2050		20154.08
合　计	6150	9.8312	60462

根据制造费用分配表，编制会计分录：

借：生产成本——基本生产成本——甲产品　40307.92

　　　　　　　　　　　　　——乙产品　20154.08

　贷：制造费用　60462

采用生产工时比例法分配制造费用，将劳动生产率与产品负担的制造费用结合起来，分配结果比较合理。如果劳动生产率提高，则单位产品生产工时减少，所负担的制造费用也就降低，因此，它是一种较好的分配方法，在实际工作中用得也较多。公式中的生产工时总数一般采用实际生产工时，但是如果企业产品的定额工时比较准确，也可以用定额工时计算。

（2）生产工人工资比例法

生产工人工资比例法是按照计入各种产品成本的生产工人实际工资的比例分配制造费用的一种方法。其计算公式如下：

$$制造费用分配率 = \frac{待分配的制造费用}{\sum 各产品生产工人工资}$$

某种产品应分配的制造费用 = 该种产品生产工人工资 × 制造费用分配率

【例3－7】 假定宏光工厂所生产的甲、乙两种产品按生产工人的实际工资比例分配制造费用，则根据表3－9所示的制造费用明细账中借方发生额资料和生产统计资料中记录甲、乙产品的生产工人工资分别为100000元和60000元的情况，计算甲、乙产品各自负担的制造费用。

第一步：计算制造费用分配率。

$$制造费用分配率 = \frac{60462}{100000 + 60000} = 0.3779$$

第二步：计算甲、乙两种产品各自应负担的制造费用。

甲产品应分配的制造费用 = 100000 × 0.3779 = 37790（元）

乙产品应分配的制造费用 = 60462 − 37790 = 22672（元）

采用生产工人工资比例法对制造费用进行分配，其资料来源于工资分配表，分配标准容易取得。但是，这种方法会使机械化程度低、加工等级高的产品负担较多的制造费用，加工技术等级的高低往往与直接人工相关，而与制造费用无关。因此，该方法要求各种产品生产的机械化程度和生产工人技术等级应大致相同，否则就会影响分配结果的合理性。

（3）机器工时比例法

机器工时比例法是按照各种产品生产时所用机器设备时数作为分配标准来分配制造费用的一种方法。其计算公式如下：

$$制造费用分配率 = \frac{待分配的制造费用}{\sum 各产品机器工时}$$

某种产品应分配的制造费用 = 该种产品机器工时数 × 制造费用分配率

【例3－8】 假定宏光工厂所生产的甲、乙两种产品按机器工时比例分配制造费用，则根据表3－9所示的制造费用明细账中借方发生额的资料和生产统计资料中记录甲、乙产品耗用的机器工时数分别为1200小时和1350小时的情况，计算甲、乙产品各自负担的制造费用。

第一步：计算制造费用分配率。

$$制造费用分配率 = \frac{60462}{1200 + 1350} = 23.711$$

第二步：计算甲、乙两种产品各自应负担的制造费用。

甲产品应分配的制造费用 = 1200 × 23.711 = 28453（元）

乙产品应分配的制造费用 = 60462 − 28453 = 32009（元）

机器工时比例法适用于产品生产机械化程度较高的车间，因为在这种车间的制造费用中，与机器设备使用有关的耗费（如折旧费、修理费等）所占比例较大，而这一部分耗费与机器设备运转的时间有着密切的联系。采用这一方法，必须具备各种产品所用机器工时的原始记录。如果车间中机器设备的类型不一，应将机器设备分为若干类别，按照机器设备的类别归集和分配制造费用，以提高分配结果的合理性。

（4）年度计划分配率法

年度计划分配率法也叫预定分配率法，是根据企业正常经营条件下的年度制造费用预算数和预计的定额标准数预先计算分配率，然后按此分配率分配制造费用的一种方法。这种分配方法的步骤如下。

第一步：计算年度计划分配率。

$$计划分配率 = \frac{年度计划制造费用总额}{全年预计产量定额标准}$$

全年预计产量定额标准一般有预计产量的生产工人工时、预计产量的直接生产工人工资和预计产量的耗用机器工时数等。

第二步：按计划分配率分配制造费用。

$$某月某种产品应分配的制造费用 = 该月该种产品的实际产量定额标准 \times 年度计划分配率$$

第三步：处理分配的差异。

按计划分配率分配的制造费用数额与制造费用的实际数额间一般存在差异，对此差异的处理方法是，在年末时将其差异额按已分配的比例进行一次再分配，计入各生产单位所生产的各产品成本。实际数大于已分配数的，用蓝字补计；小于已分配数的，用红字冲回。其计算公式如下：

$$年末差异分配率 = \frac{全年制造费用 - 全年按计划分配率分配的制造费用}{全年各产品按计划分配率分配的制造费用之和}$$

$$某种产品应负担的差异额 = 该产品全年按计划分配率分配的制造费用之和 \times 年末差异分配率$$

【例3－9】宏光工厂基本生产车间全年制造费用计划为62000元，表3－9实际归集全年发生制造费用为60462元，甲、乙两种产品全年计划产量分别为600件和400件，单位产品的工时定额甲产品为7小时、乙产品为5小时。假设9月的实际产量为甲产品50件、乙产品30件，该月实际发生制造费用5200元。要求：计算9月甲、乙两种产品应负担的制造费用。

$$计划分配率=\frac{62000}{600\times7+400\times5}=10（元/小时）$$

甲产品应分配的制造费用＝50×7×10＝3500（元）

乙产品应分配的制造费用＝30×5×10＝1500（元）

根据上述分配结果，编制的会计分录如下：

借：生产成本——基本生产成本——甲产品　3500

——乙产品　1500

贷：制造费用　5000

【例3－10】承【例3－9】，假定年末已按计划分配率分配制造费用60100元，其中，甲产品为41000元，乙产品为19100元；而实际制造费用发生额60462元，本年度实际制造费用与计划制造费用之间的差异为362元（60462－60100），则甲、乙两种产品再分配的制造费用如下：

$$年末差异分配率=\frac{60462-60100}{60100}=0.006023$$

甲产品再分配数额＝41000×0.006023＝246.94（元）

乙产品再分配数额＝362－246.94＝115.06（元）

根据上述再分配结果，编制的会计分录如下：

借：生产成本——基本生产成本——甲产品　246.94

——乙产品　115.06

贷：制造费用　362

年末差额调整之后，“制造费用”总账及其所属明细账均无余额。

采用年度计划分配率分配制造费用，因年度内各个月份并不进行差异再分配，所以相对来说可简化分配手续，并能及时计算产品成本。但采用这种分配方法，必须有较高的计划管理工作水平，否则，年度制造费用的计划数脱离实际成本太大，就会影响成本计算的准确性。该方法特别适用于季节性生产企业，因为该类型企业每月发生的生产费用相差不多，但淡月和旺月的产量却相差悬殊，如果按照实际费用分配，各月单位产品成本中制造费用将随之或高或低，因而不便于成本分析工作的进行，而年度计划分配率法则可较好地避免这个问题。

任务三　生产损失的归集与分配

任务导入

恒达公司一车间生产 A 产品，合格品 3960 件，生产过程中发现废品 40 件，合格品和废品共发生工时 25000 小时，其中，废品工时为 280 小时。合格品和废品发生费用为材料费 80000 元、人工费 20000 元、制造费用 36000 元，废品残料回收价值为 400 元，责任人赔偿款 200 元。原材料在生产开始时一次投入。你能计算出废品成本和废品损失吗？

任务知识

生产损失是指企业在生产过程中由于计划调整、停电、待料、机器设备发生故障，以及由于生产技术和生产组织等问题而导致的各种损失。产生生产损失不仅会降低产品质量，提高产品成本，而且会减少产量，从而影响生产计划的完成。因此，企业必须建立健全生产责任制度，防止和减少各种生产损失，努力提高经济效益。

工业企业的生产损失按其产生的原因可分为两大类：一是废品损失，二是停工损失。

一、废品损失的归集与分配

1. 废品损失的内容

生产中的废品，是指不符合规定的技术标准，不能按照原定用途使用，或者需要加工修理后才能使用的在产品、半成品和产成品，包括生产过程中发现的和入库后发现的废品。废品按其报损程度和修复价值可分为可修复废品和不可修复废品。可修复废品是指技术上、工艺上可以修复且所发生的修复费用在经济上比较合算的废品。不可修复废品是指在技术上、工艺上不可修复，或者虽然可修复但所发生的修复费用在经济上不合算的废品。

废品损失是指在生产过程中发现的、入库后发现的不可修复废品的生产成本，以及可修复废品的修复成本，扣除回收的废品残料价值和应收赔款以后的净损失。经质量检验部门鉴定不需要返修可以降价出售的不合格品，其降价损失不作为废品损失，在计算损益时体现；产品入库后由于保管不善而损坏变质的损失，以及实行包退、包修、包换（三包）的企业，在产品出售以后发现的废品所发生的一切损失，也不作为废品损失，而是作为管理费用处理。

根据质量检验部门填制并审核后的废品损失通知单，可作为进行废品损失核算的原始凭证。单独核算废品损失的企业，应设置“废品损失”科目，在成本项目中增设“废品损失”成本项目。废品损失的归集和分配，应根据废品损失计算表和分配表等有关凭证，通过“废品损失”科目进行。“废品损失”科目应按照车间设置明细账，账内按产品品种和成本项目登记废品损失的详细资料。该科目的借方归集不可修复废品的生产成本和可修复废品的修复费用。不可修复废品的生产成本，应根据不可修复废品损失计算表，借记“废品损失”科目，贷记“基本生产成本”科目；可修复废品的修复费用，应根据各种费用分配表所列废品损失数额，借记“废品损失”科目，贷记“原材料”“应付职工薪酬”“生产成本——辅助生产成本”和“制造费用”等科目。该科目的贷方登记废品残料回收的价值、应收赔款和应由本月生产的同种合格产品成本负担的废品损失，即从“废品损失”科目的贷方转出，分别借记“原材料”“其他应收款”“生产成本——基本生产成本”等科目。经过上述归集和分配，“废品损失”科目月末无余额。

2. 不可修复废品损失的归集与分配

不可修复废品损失的核算主要涉及两个内容，即不可修复废品损失额的计算和对损失的会计处理。其中，废品损失额为废品的生产成本扣除回收的残料价值及应收赔偿款后的损失。但因为不可修复废品生产成本是与合格品成本一起在“生产成本——基本生产成本”账户中核算，所以需要采用适当的分配方法，将两者分开。通常对废品损失生产成本的计算，有两种方法：按废品所耗的实际费用计算和按废品所耗的定额费用计算。

（1）按废品所耗实际费用计算法

按废品所耗的实际费用计算废品损失，是指在废品报废时，把废品与合格品发生的全部实际费用，采用一定的分配标准在合格品与废品之间进行分配，计算出废品的实际成本。其计算公式如下：

$$废品负担的直接材料费用=\frac{某产品直接材料费用总额}{合格品数量+废品数量（或约当产量）}\times 废品数量（或约当产量）$$

$$废品负担的直接人工费用=\frac{某产品直接人工费用总额}{合格品生产工时+废品工时}\times 废品工时$$

$$废品负担的制造费用=\frac{某产品制造费用总额}{合格品生产工时+废品工时}\times 废品工时$$

如果该产品于月末尚有部分产品未完工，则上述公式中的分母还应包括在产品数量或约当产量（或工时）。约当产量是指将产品折合成相当于完工产品的数量，具体的折合方法将在项目四详细阐述。废品损失的计算一般是通过编制废品损失计算表进行的。

【例3－11】宏光工厂基本生产车间生产甲产品2000件，生产过程中发现其中有20件不可修复废品。合格品和废品共同发生的生产费用：原材料费用300000元，直接工资费用80000元，制造费用65000元，合计445000元。原材料在生产开始时一次投入。原材料费用按产量比例分配，其他费用按生产工时比例分配。产品生产工时为合格品9920小时，废品残料回收价值200元。根据上述资料，编制废品损失计算表，如表3－11所示。

表3－11　　**不可修复废品损失计算表**

（按实际成本计算）

产品名称：甲产品　　废品数量：20件

车间名称：×基本生产车间　　金额单位：元

成本项目	产量（件）	直接材料	生产工时（小时）	直接工资	制造费用	成本合计
费用总额	1980	300000	10000	80000	65000	445000
费用分配率		150		8	6.5	
废品成本	20	3000	80	640	520	4160
减：废品残料		200				200
废品损失		2800		640	520	3960

根据不可修复废品损失计算表，编制的会计分录如下：

①结转废品生产成本

借：废品损失——甲产品　4160

　贷：生产成本——基本生产成本——甲产品（材料费用）　3000

　　　　　　　　　　　　　　　——甲产品（工资费用）　640

　　　　　　　　　　　　　　　——甲产品（制造费用）　520

②回收残料入库

借：原材料　200

　贷：废品损失——甲产品　200

③将废品净损失转入合格品成本

借：生产成本——基本生产成本——甲产品（废品损失）　3960

　贷：废品损失——甲产品　3960

如果废品在完工以后，单位废品负担的各项生产费用应与单位合格产品完全相同，此时，可按合格品产量和废品的数量比例分配各项生产费用，计算分配实际成本。按废品的实际费用计算和分配废品损失，计算结果符合实际，但核算工作量较大。

（2）按废品所耗定额费用计算法

按废品的数量和各项费用定额计算废品的定额成本，再将废品定额成本扣除废品残值或应收赔款后即为废品损失，其不考虑废品实际发生的费用。

【例 3－12】 宏光工厂基本生产车间在生产乙产品的过程中，发生不可修复废品 10 件，按其所耗定额费用计算废品的生产成本。其原材料费用单位定额 200 元，废品已完成定额工时 10 小时，每小时费用定额为工资福利费 3 元、制造费用 9 元。回收残料价值 150 元。根据此资料编制废品损失计算表，如表 3－12 所示。

表 3－12 **不可修复废品损失计算表**

（按定额成本计算）

产品名称：乙产品 废品数量：10 件

车间名称：×基本生产车间 金额单位：元

成本项目	直接材料	定额工时（小时）	直接人工	制造费用	成本合计
费用定额	200	10	3	9	
废品定额成本	2000		30	90	2120
减：残料价值	150				150
废品损失	1850		30	90	1970

根据不可修复废品损失计算表编制的会计分录如下：

①结转废品生产成本

借：废品损失——乙产品 2120

　贷：生产成本——基本生产成本——乙产品（材料费用） 2000

　　　　　　　　　　　　　——乙产品（工资费用） 30

　　　　　　　　　　　　　——乙产品（制造费用） 90

②回收残料入库

借：原材料 150

　贷：废品损失——乙产品 150

③将废品净损失转入合格品成本

借：生产成本——基本生产成本——乙产品（废品损失） 1970

　贷：废品损失——乙产品 1970

采用此种方法，计算工作比较简单并且可以不受废品实际费用水平高低的影响，便于进行成本的分析与考核，但计算废品生产成本必须具备准确的消耗定额和费用定额资料。

3. 可修复废品损失的归集与分配

可修复废品损失是指在修复过程中发生的各种费用。因此，修复后的产品成本应该是由修复前发生的生产费用加上修复过程中发生的各项修复费用构成的。如果有废品回收残值或应收赔偿款，也要从废品损失中扣除。

可修复废品损失 = 修复废品材料费用 + 修复废品工资及福利费 + 修复废品制造费用

【例 3－13】 宏光工厂加工车间 9 月发生可修复废品 10 件，均为甲产品，修复过程中耗费材料 500 元，工时 50 小时，应负担的人工费用 300 元、制造费用 150 元，该批废品应由生产工人赔偿 240 元。其废品损失计算如下：

发生修复费用 = 材料费 + 人工费 + 应负担的制造费用 = 500 + 300 + 150 = 950（元）

应收赔款 = 240 元

可修复废品损失 = 950 − 240 = 710（元）

根据上述计算，编制的会计分录如下：

①结转修复费用

借：废品损失——甲产品　950

　贷：原材料　　　　　500

　　　应付职工薪酬　300

　　　制造费用　　　　150

②回收赔款

借：其他应收款　240

　贷：废品损失——甲产品　240

③将废品损失转入生产成本

借：生产成本——基本生产成本——甲产品　710

　贷：废品损失——甲产品　710

不单独核算“废品损失”的生产企业，不设“废品损失”账户，在产品成本项目中也不设“废品损失”项目，只是在回收残值或应收赔偿款时直接冲减“生产成本——基本生产成本”账户，并从其产品成本明细账的有关成本项目中扣除。

二、停工损失的归集与分配

1. 停工损失的内容

停工损失是指企业生产车间或生产班组在停工期间发生的各项费用，它包括停工期间支付的职工工资及福利费、所耗用的燃料和动力费以及应负担的制造费用。企业发生停工的原因有很多，如停电、待料、机械故障、非常灾害、计划减产等。其中，停工待料、电力中断、机械故障等造成的停工损失，应计入产品成本；由非常灾害造成的停工，应计入营业外支出；对于季节性停产、修理期间停产的停工损失，应计入制造费用；为了简化核算，不满一个工作日的停工，可以不计算停工损失。

2. 停工损失的归集和分配

为了核算停工损失，应当设置“停工损失”账户，或者在“生产成本——基本生产成本”账户下设置“停工损失”明细账，进行停工损失的核算。“停工损失”账户借方登记生产单位发生的各项停工损失；贷方登记应索赔的停工损失和分配结转的停工损失。分配结转停工损失以后，该账户应无余额。

【例 3－14】 宏光工厂第一车间由于设备大修停工 6 天，停工期间应支付工人工资 6840 元，应负担制造费用 1000 元。第三车间由于外部供电线路原因停工 2 天，停工期间应支付工人工资 4560 元，应负担制造费用 600 元。根据上述资料，核算停工损失。

借：停工损失——第一车间　7840
　　　　　　——第三车间　5160
　贷：应付职工薪酬　　　　　11400
　　　制造费用——第一车间　1000
　　　　　　　——第三车间　 600

【例 3－15】 承【例 3－14】，第一车间设备大修为正常停工，停工损失 7840 元应计入成本；第三车间停工为非正常停工，应计入营业外支出 2160 元。假设经交涉供电局同意赔偿由于停工给企业造成的损失 3000 元。根据资料编制的会计分录如下：

借：制造费用——第一车间　7840
　　其他应收款——供电局　3000
　　营业外支出——停工损失　2160
　贷：停工损失——第一车间　7840
　　　　　　　——第三车间　5160

延伸阅读

戴尔的成本节省之道

得克萨斯奥斯丁－戴尔旗舰工厂的日班经理 Shayne Myhand 要做许多陪护工作。他一天要接待4～5拨公司的高层或者中层巡视官员，这些官员来此的目的是保证这家装配工厂更有效率地运转。31岁的Myhand每次都走同样的巡视道路，最后他会进入显示器车间，在这里，他会摸一摸墙上那枚已经不太光鲜的木制纪念章，那是为了纪念1991年最后三个月戴尔的个人电脑产量突破49269台而设立的。他说："供应高峰时，我们将超过这一数字。"说这话时，Myhand脸上带着微笑。Myhand对来访者说，即使在目前的圣诞节时期，一个上午9时到达工厂的订单，他们也能够保证在下午1时让它完成上路。

在戴尔这家世界最大的电脑生产公司，工作流程设计师甚至令一件产品不出现一颗多余的螺丝钉，因为一颗螺丝钉的出现将浪费一台机器大约4秒钟的装配时间。在戴尔，最能干的工人被称为"熟练工"，他们的工作步骤将被摄像机录下来，然后供其他工人学习。这套流程非常严格，当美国的经济学家、政客都在为美国的制造业前途，以及中国作为世界工厂地位崛起而担忧的时候，戴尔的举动并不是多余的，这种流程有助于建立起一套标准。

自从Michael Dell于1984年开设戴尔公司以来，这家公司通过取消中间商，使用电话或者互联网直销等手段向顾客销售低廉的个人电脑。但戴尔能够继续保持低价电脑市场的一个最主要原因，是戴尔总是想方设法节省每一分钱。戴尔也许不是我们这个时代的亨利·福特，但它一定是高科技行业的沃尔玛。

今年，戴尔的目标是提高30%的产量，Myhand表示，他们对这一目标很有信心。毫无意外，戴尔工厂是那些尊崇杜绝浪费观念人士的天堂。2000年，当戴尔这家工厂才开工的时候，工厂里面的设备没有超过10英尺高的；4年之后，这家工厂满是三层传送带，40英尺的设备到处都是，成百的员工遍布于流水线旁。当机器组装完毕，传送带会将它们运送至发货区域，在这里，电脑被装箱运输，大型卡车每30分钟就会满载着戴尔电脑离开。十几年前，戴尔有大约30天的部件库存期，像外壳、主板、英特尔的处理器等部件，而现在，戴尔的奥斯丁工厂再没有任何库房，戴尔要求供货商在90分钟之内能够提供8～10天的部件供应，事实上，戴尔48支卡车运输车队就是它的库房。Myhand说："如果送货的卡车晚来4分钟，那么我们的整个生产线就会停下来等待。"从技术角度来讲，库存最小化极大地节省了戴尔的成本，这还意味着，当戴尔进行产品型号转型时，他们不需要对旧部件进行消化。然而这种模式却给戴尔的供应商带来了巨大的负担，有人将戴尔比成沃尔玛，虽然它的采购量巨大，但供货商却失去了价格、条件以及送货等商量余地。虽然涉足打印机业务的时间还不长，但戴尔这方面的成绩却令人刮目相看，IDC的数据显示，2004年的前9个月，戴尔已经占领了喷墨打印机销售市场13%的份额。

10 月，戴尔又推出了 42 英寸高清晰等离子电视，其售价大约为 2000 美元，比其他竞争对手的产品价格要低。研发是戴尔保持成本的一个途径，戴尔将 2% 的收入投入研发，这一数字远远低于其竞争对手。戴尔创新的重点主要集中在产品如何生产、包装以及如何进行市场营销上，而不是在产品本身的改进上面。戴尔的首席执行官 Kevin Rollins 说，戴尔的竞争对手花费收入的 5% ~6% 用于研发，但戴尔的研发模式与众不同。

资料来源：https：//www. gaodun. com/guoshui/647871. html。

项目小结

1. 辅助生产费用

辅助生产费用是辅助生产车间在生产产品或提供劳务过程中归集的生产费用，通过“生产成本——辅助生产成本”账户核算。月末时，要将归集的辅助生产费用按各受益对象的受益比例进行分配。

辅助生产费用的分配方法有五种：直接分配法、交互分配法、顺序分配法、代数分配法和计划成本分配法。各种分配方法之间的区别，主要是分配程序与分配率确定的方式不同。辅助生产费用的分配要通过编制“辅助生产费用分配表”来进行，不同分配方法的费用分配表，格式有较大区别。

2. 制造费用

制造费用是企业的生产车间（一般是基本生产车间）在组织产品生产过程中所发生的管理费用，以及在产品生产过程中发生而不能直接归属到所制造的产品成本中的各种生产费用。企业发生的制造费用通过设置“制造费用”账户进行归集。对生产车间发生的固定资产折旧费、物料消耗费、车间管理人员人工费用、水电费、办公费等进行核算。

制造费用的分配方法很多，主要有生产工时比例法、生产工人工资比例法、机器工时比例法以及年度计划分配率法等。企业可根据实际情况选择使用，分配方法一经选定，不得随意变更。制造费用分配后，要编制“制造费用分配表”，据以进行会计处理。

3. 生产损失

企业在产品生产过程中发生的废品损失，包括不可修复废品损失与可修复废品损失，要正确确定其损失额，设置“废品损失”账户进行核算，计入当期完工产品成本；或先计入“制造费用”账户，再分配计入产品成本。

企业因停工而产生的停工损失，或者先计入“停工损失”账户，再分配计入有关成本、费用账户，或者在发生时按其损失的性质分别计入“制造费用”“其他应收款”或“营业外支出”等账户。

技能训练

【业务题一】

【资料】某企业设置修理和运输两个辅助生产车间。修理车间本月发生的费用19000元，提供修理劳务20000小时，其中，为运输部门修理1000小时，为基本生产车间修理16000小时，为行政管理部门修理3000小时。运输部门本月发生的费用20000元，提供运输40000千米，其中，为修理车间提供的运输劳务1500千米，为基本生产车间提供运输劳务30000千米，为行政管理部门提供运输劳务8500千米。

【要求】采用顺序分配法和交互分配法计算分配修理、运输费用，并作出会计分录。

【业务题二】

【资料】某企业修理车间和运输部门本月有关经济业务汇总如下：修理车间发生费用35000元，提供修理劳务20000小时，其中，为运输部门提供3000小时，为基本生产车间提供16000小时，为管理部门提供1000小时。运输部门发生费用46000元，提供运输40000千米，其中，为修理车间提供3500千米，为基本生产车间提供30000千米，为管理部门提供6500千米。计划单位成本：修理每小时2元，运输每千米1.20元。

【要求】采用计划成本分配法，计算按计划成本分配的合计数额，计算辅助生产（修理、运输）实际成本数额，计算辅助生产成本差异，作出按计划成本分配和辅助生产成本差异的会计分录。

【业务题三】

【资料】（1）本月“生产成本——辅助生产成本”明细账上合计发生额：机修车间7500元，动力车间6500元，供水车间15000元。

（2）本月各辅助生产车间为各车间、部门提供的劳务量如表3－13所示。

【要求】分别采用直接分配法、交互分配法和代数分配法进行辅助生产费用的分配，编制分配表并编制会计分录（机修车间计划单位成本为2.6元/小时，动力车间计划单位成本为0.5元/千瓦·时，供水车间计划单位成本为0.4元/吨）。

表 3-13　　【业务题三】资料

车间名称	计量单位	受益车间或部门					合计
		动力车间	供水车间	基本生产车间	机修车间	行政部门	
机修车间	小时	1600	400	700	—	300	3000
动力车间	千瓦·时	—	5000	18000	2500	2000	27500
供水车间	吨	4000	—	18000	1000	7000	30000

【业务题四】

【资料】某基本生产车间生产甲、乙、丙三种产品，共计生产工时 22000 小时，其中，甲产品 7500 小时、乙产品 8500 小时、丙产品 6000 小时。本月发生的各种间接费用如下：以银行存款支付劳动保护费 1300 元；车间管理人员工资 4000 元；购买车间管理人员办公用品 560 元；车间消耗材料 1700 元；车间固定资产折旧费 2500 元；辅助生产成本（修理、运输费）转入 1200 元；以银行存款支付办公费、水电费、邮电费及其他支出等共计 1940 元。

【要求】根据上列资料采用生产工时比例法在各种产品之间分配制造费用并编制分配的会计分录。

【业务题五】

【资料】某工业企业只有一个车间，全年制造费用计划为 79200 元。全年各种产品的计划产量：甲产品 1200 件，乙产品 960 件。单件产品的工时定额：甲产品 8 小时，乙产品 5 小时。11 月份实际产量：甲产品 110 件，乙产品 100 件；该月实际制造费用为 6100 元；“制造费用”科目月初余额为借方 1300 元。

【要求】（1）计算制造费用年度计划分配率。

（2）计算并结转 11 月应分配转出的制造费用。

（3）计算并结转 12 月应分配转出的制造费用（“制造费用”科目年末不保留余额），12 月实际产量为甲产品 80 件、乙产品 90 件；该月实际制造费用为 6076 元。

【业务题六】

【资料】某生产车间生产乙产品，本月投产 300 件，完工验收入库发现不可修复废品 8 件；合格品生产工时 8760 小时，废品工时 240 小时。乙产品成本明细账所记合格品和废品的全部生产费用：原材料 12000 元，燃料及动力 10800 元，工资和福利费 12600 元，制造费用 7200 元。原材料是生产开始时一次投入。废品残料入库作价 50 元。

【要求】根据以上资料，编制不可修复废品损失计算表，并作出有关废品损失的会计分录。

【业务题七】

【资料】某生产车间本月在 B 产品生产过程中发现不可修复废品 10 件，按所耗定额费用计算不可修复废品的生产成本。单件原材料费用定额为 50 元，已完成的定额工时共计 150 小时，每小时的费用定额：燃料及动力 1. 50 元，工资和福利费 1. 80 元，制造费用 1. 20 元。不可修复废品的残料作价 80 元，以辅助材料入库，应由过失人员赔款 20 元。废品净损失由当月同种产品成本负担。

【要求】（1）计算 B 产品不可修复废品成本及净损失。

（2）作出结转不可修复废品成本、废品残值、应收赔款和废品净损失的会计分录。

项目四　生产费用在完工产品与在产品成本之间的分配

职业能力目标

- 能够熟悉在产品数量的核算
- 能够掌握生产费用在完工产品与在产品间的分配
- 能够理解完工产品成本的结转

关键概念

在产品　约当产量比例法　在产品按定额成本计价法　定额比例法

结构导图

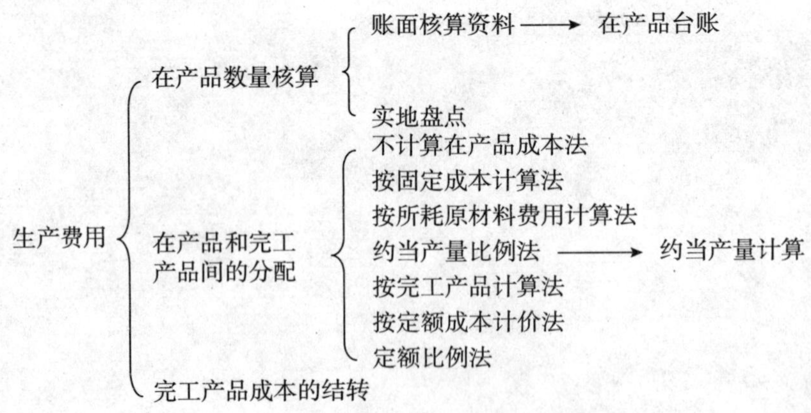

项目导入

格力电器成立于1991年，其中，格力空调已连续11年产量、销量排名全国同行业第一。格力电风扇、暖气机、电饭煲、饮水机、电磁炉、打印机墨盒、特种漆包线等产品，也都在全国同行业中占有重要地位。

格力在2007年成品存货和原材料存货占2008年空调产量的30%左右，2008年成品存货和原材料存货占2009年空调产量的15%左右。由此可以看出，在2008年年初到2009年年初，铜价大幅下跌周期，格力也大幅降低原材料和成品库存，以能更快地应变，享受原材料价格下降的优势。从2009年年底开始，铜价再一次进入上升周期。2009年格力成品存货和原材料存货占2010年空调产量的30%左右，且在铜价较低的区间，格力再一次大幅提高了原材料的库存。

2009年和2010年，在企业的毛利上升的同时，销售费用在营业收入中的占比也有了升高，说明在低成本的环境下，格力降低产品价格，将更多的利益让给消费者，格力需要投入额外的销售费用，以与成本灵活的中小企业竞争。2010年格力库存略有提高，如果这是一个成本上升周期的开始，可以预见，小规模的生产企业将被清洗出去。

请问：

格力增加或者减少原材料存货量，能够降低产品成本吗？你认为此举有什么意义？

格力通过改变库存来降低产品成本。近些年格力的总体库存规模有变小的趋势，但是在原材料价格上升周期中，格力生产规模大，库存大，可以享受低成本高毛利的优势，这有利于其进一步扩大市场占有率。格力在成本方面做出努力，将更多的利益让给消费者。

本项目集中解决产品成本的核算、分配以及完工产品的结转问题。

任务一　在产品数量的核算

任务导入

某电瓷生产企业新上任的成本会计小李，在月末跟随车间管理人员查看产品生产情况，发现不同的产品生产工序有些一样，有些不一样，所消耗的人力、物力和财力也不一样，有的产品体积小，积压成仓，而有的产品仓库所剩产品寥寥无几。你认为面对这些现象，作为企业成本会计的小李该如何处理呢？

任务知识

一、在产品的内容

工业企业在生产过程中发生的各种耗费经过归集、分配，都已经按成本项目集中反映在“生产成本——基本生产成本”科目及其所属明细账。月末，生产车间生产的产品完工情况分为三种：第一，在本期全部完工，没有在产品的情况下，计入该成本计算对象的全部生产费用，即为完工产品总成本；第二，本期产品全部未完工，计入该成本计算对象的全部生产费用，即为月末在产品成本；第三，在实际工作过程中，更多的情况是月末生产车间既有完工产品，又有在产品，那么本期负担的生产费用要在完工产品和月末在产品之间采用适当的方法进行分配，以分别计算完工产品成本和在产品成本。月初在产品、本月生产费用、本月完工产品成本和月末在产品成本之间有如下关系：

月初在产品成本 + 本月生产费用 = 本月完工产品成本 + 月末在产品成本

在产品是指企业已经投入生产，但尚未最后完工，不能作为商品销售的产品。在产品有广义和狭义之分。广义的在产品是从整个企业来看，凡是在企业各个车间加工中的在制品，已经完成一个或几个生产步骤但还需要继续加工的自制半成品，包括等待返修中的可修复废品、正在返修中的可修复废品，以及已经完工尚未验收入库的产成品。狭义的在产品是指正在各个车间或各生产步骤加工的在制品。工业企业在产品品种规格多，又处于不断流动之中，在产品数量的日常核算是一个比较复杂的问题。对在产品的数量核算，主要包括在产品的收发结存和在产品清查两项工作。要正确计算月末在产品成本，就必须加强在产品的实物管理，组织好在产品数量的核算。

二、在产品数量的核算

在产品数量是核算在产品成本的基础，通常有两种确定方式：一是通过账面核算资料确定；二是通过月末实地盘点确定。在采用第一种确定方式的情况下，要求企业设置“在产品收发存账簿”，这种账簿也叫在产品台账，通过在产品台账的登记，反映在产品的数量。

在产品台账应当分生产单位（分厂、车间），按产品的品种和零部件的名称设置，以反映各生产单位各种在产品收入、转出和结存情况；在产品台账还可以结合企业生产工艺特点和内部管理的需要，进一步按照加工工序（生产步骤）来组织在产品数量核算。在产品台账的一般格式如表 4 – 1 所示。

在产品台账根据有关领料凭证、在产品内部转移凭证、产品检验凭证和产品入库单等原始凭证逐笔登记。

在实际工作中，在产品数量的两种确定方式往往同时运用，即在做好在产品收发日常核算工作的同时，做好在产品的定期盘点工作，以便随时掌握在产品的动态，按期确定在产品的数量，并保证在产品数量的准确性。

表 4-1　　**在产品台账**

生产单位：　　生产工序：　　在产品名称：　　计量单位：

月	日	摘要	收入		转出			结存	
			凭证号数	数量	凭证号数	合格品	废品	已完工	未完工
4	1		4201	200					200
	10		4202	160	4301	100		50	210
	20		4203	100	4302	120	6	100	134
	30	合计		460		220	6	100	134

三、在产品的清查及账务处理

为了核实在产品实际结存数量，保证在产品的安全、完整，做到账实相符，必须定期进行在产品的清查盘点。在产品清查一般于月末结账前进行，并采用实地盘点法。盘点的结果，应填制“在产品盘点表”，并与在产品的台账核对。如不符，应填制“在产品盘盈盘亏报告表”并说明发生原因。企业会计人员应对在产品盘亏盘盈的数量、原因及处理意见进行认真审核，经有关部门和领导审批后，进行相应的账务处理，具体处理程序和方法如下。

1. 在产品盘盈的会计处理

（1）发生盘盈时，按定额成本入账

借：生产成本——基本生产成本——×产品

　贷：待处理财产损益——待处理流动资产损益

（2）批准后予以转销时

借：待处理财产损益——待处理流动资产损益

　贷：管理费用

2. 在产品盘亏及毁损的会计处理

（1）发生盘亏及毁损时，根据账面的实际成本或定额成本处理

借：待处理财产损益——待处理流动资产损益

　贷：生产成本——基本生产成本——×产品

（2）批准后转销时，区别不同情况处理

借：原材料（毁损在产品收回的残值——估计入账）

　其他应收款（应收过失人或保险公司赔偿的损失）

　营业外支出（非常损失的净损失）

　管理费用（无法收回的损失）

　贷：待处理财产损益——待处理流动资产损益

在产品盘亏、毁损时要换算应负担的增值税，其增值税额也计入“待处理财产损益”，即借记“待处理财产损益”账户，贷记“应缴税金——应缴增值税（进项税额转出）”账户。

任务二　生产费用在完工产品和在产品成本之间的分配

任务导入

东方公司生产A产品经过三道工序，原材料分别在各个工序生产开始时一次投入。A产品单位产品原材料消耗定额为220元，其中，第一道工序投料定额为132元，第二道工序投料定额为66元，第三道工序投料定额为22元。单位产品工时消耗定额为30小时，其中，第一道工序为12小时，第二道工序为9小时，第三道工序为9小时；各工序在产品成本完工程度50%。根据“在产品盘存表”，月末盘点确定A产品在产品数量为300件，其中，第一道工序为80件，第二道工序为120件，第三道工序为100件。根据“产品交库单”的统计资料，本月完工验收入库的A产品为2000件。根据“产品成本计算单”，A产品月初在产品成本为131997元，其中，直接材料为69720元，直接人工为27675元，制造费用为34602元；本月发生的生产费用为799890元，其中，直接材料为426600元，直接人工为178190元，制造费用为195100元。若采用约当产量比例法，那么，该如何分配计算完工产品和期末在产品成本？

任务知识

生产费用在完工产品与在产品之间的分配，是成本计算工作中的一个重要问题，企业应该根据在产品数量的多少、各月在产品数量变化的大小、各项费用比例的大小以及定额管理基础等具体条件并考虑管理的要求，选择合理而又简便的方法。通常分配方法有不计算在产品成本法、在产品按固定成本计算法、在产品按所耗原材料费用计算法、约当产量比例法、在产品按完工产品计算法、在产品按定额成本计价法和定额比例法。

一、不计算在产品成本法

不计算在产品成本法是指月末在产品不计算成本，本期归集的生产费用全部由本期完工产品承担的方法。某些企业所生产的产品，月末虽然有在产品，但由于数量较少且各月变动不大，当月发生的生产费用全部由本月完工产品成本负担，对本月完工产品成本影响很小，为了简化成本计算工作，不计算在产品成本。

采用这种方法，本月完工产品的总成本等于当月该种产品发生的（应负担的）全部生产费用，并且账面上没有期末在产品成本，用计算公式表示为：

本月完工产品成本 = 本月发生生产费用

该方法的基本特点：基本生产成本明细账中归集的产品成本，全部由本月完工产品负担，月末在产品不分担。这一方法适用于各月在产品数量很少的产品。

【例4－1】 宏光工厂20×7年×月大量大批生产甲产品，甲产品月末在产品数量很少，计算成本时采用不计算在产品成本法。本月甲产品投入直接材料30000元，直接人工8000元，制造费用2000元。月末，甲产品完工入库100件，完工产品实际总成本和单位成本的计算如表4－2所示。

表4－2　　**产品成本计算单（1）**

20×7年×月

产品名称：甲产品　　产成品：100件　　金额单位：元

摘　要	直接材料	直接人工	制造费用	合　计
本月发生生产费用	30000	8000	2000	40000
完工产品总成本	30000	8000	2000	40000
完工产品单位成本	300	80	20	400

根据成本计算结果，编制结转本月完工入库产品成本的会计分录：

借：库存商品——甲产品　40000

　贷：生产成本——基本生产成本——甲产品　40000

二、在产品按固定成本计算法

在产品按固定成本计算法，是指年内各月都固定地以上年末计算确定的在产品成本作为各月的月末在产品成本，并以此确定当月完工产品成本的方法。采用这种方法，每年只在年末计算12月末的在产品成本，在次年1—11月，不论在产品的数量是否发生变化，都固定地以上年12月末的在产品成本作为各月在产品成本。由于1—11月各月末在产品成本是固定的，大大简化了成本核算工作。而且，不论年末在产品数量变动与否，都对在产品进行实地盘点，并以实际盘存数为计算基础重新确定年末在产品成本，所以全年完工产品总成本的计算也是准确的。

采用这种方法，本月完工产品成本等于当月该种产品发生的（应负担的）全部生产费用，但账面上有期末在产品成本。其计算公式为：

本月完工产品成本＝月初在产品成本（年初固定数）＋本月生产费用－月末在产品成本（年初固定数）

该方法年内各月的月末在产品都按年初在产品成本计算，固定不变，主要适用于各月月末在产品结存数量较少，或者虽然在产品结存数量较多，但各月月末在产品数量稳定、起伏不大的产品。

【例4－2】宏光工厂20×7年×月生产的乙产品月末在产品数量比较稳定，采用固定在产品成本法。该产品月初在产品成本为5000元，其中，直接材料3000元，直接人工1500元，制造费用500元。本月发生生产费用10000元，其中，直接材料5000元，直接人工3000元，制造费用2000元。本月完工入库乙产品200件。根据月初在产品成本和本月发生的生产费用资料，编制乙产品本月产品成本计算单，如表4－3所示。

表4－3　　产品成本计算单（2）

20×7年×月

产品名称：乙产品　　产成品：200件　　金额单位：元

摘　要	直接材料	直接人工	制造费用	合　计
月初在产品成本	3000	1500	500	5000
本月发生生产费用	5000	3000	2000	10000
生产费用合计	8000	4500	2500	15000
完工产品总成本	5000	3000	2000	10000
完工产品单位成本	25	15	10	50
月末在产品成本	3000	1500	500	5000

根据成本计算结果，编制结转本月完工入库产品成本的会计分录：

借：库存商品——乙产品　5000

　贷：生产成本——基本生产成本——乙产品　5000

三、在产品按所耗原材料费用计算法

在产品按所耗原材料费用计算法，是指在确定月末在产品成本时，只计算在产品所消耗的材料费用，将人工费用与制造费用全部由当期完工产品负担的方法。采用这种方法，本月完工产品成本等于月初在产品材料成本加上当月发生的全部生产费用再减去月末在产品材料成本。其计算公式如下：

本月完工产品成本＝月初在产品材料成本＋本月发生生产费用－月末在产品材料成本

该方法的月末在产品成本只按所耗的原材料费用计算确认，人工成本和制造费用则全部由完工产品成本承担。此方法主要适用于各月末在产品数量较大、各月在产品数量变化也较大，以及原材料费用在产品成本中所占比例也较大的产品。在产品可以不计算直接人工及制造费用。例如，酿酒、造纸和纺织等企业的产品就可以采用这种方法。

【例4-3】宏光工厂20×7年×月生产的乙产品原材料在生产开始时一次投入，材料费用在产品成本总额中所占比例较大，在产品只计算材料成本。乙产品月初在产品总成本（即在产品直接材料费用）为3000元；本月发生生产费用25800元，其中，直接材料15000元，直接人工7200元，制造费用3600元；乙产品本月完工90件，月末在产品10件。乙产品的有关成本计算，如表4-4所示。

表4-4　　**产品成本计算单**（3）

20×7年×月

产品名称：乙产品　　产成品：90件　　金额单位：元

摘　要	直接材料	直接人工	制造费用	合　计
月初在产品成本	3000			3000
本月发生生产费用	15000	7200	3600	25800
生产费用合计	18000	7200	3600	28800
完工产品总成本	16200	7200	3600	27000
完工产品单位成本	180	80	40	300
月末在产品成本	1800			1800

（1）月末在产品的原材料费用

直接材料费用分配率 $=\frac{3000+15000}{90+10}=180$（元/件）

月末在产品材料成本（月末在产品总成本）$=180\times10=1800$（元）

（2）本月完工产品成本

本月完工产品直接材料成本 $=180\times90=16200$（元）

或 $=18000-1800=16200$（元）

（3）根据成本计算结果，编制结转本月完工入库产品成本的会计分录

借：库存商品——乙产品　27000

　贷：生产成本——基本生产成本——乙产品　27000

四、约当产量比例法

（一）约当产量比例法

约当产量也称在产品约当产量，是将企业（车间）月末在产品的实际数量按照其完工程度折合为完工产品的数量。约当产量比例法是指按照本月完工产品的数量和月末在产品的约当产量分配生产费用，以确定本月完工产品和月末在产品实际成本的方法。采用约当产量比例法来分配生产费用，是按成本项目进行的。其计算公式如下：

$$在产品约当产量 = 在产品实际数量 \times 在产品完工程度（或投料程度）$$

$$某项费用分配率 = \frac{月初在产品成本 + 本月发生生产费用}{完工产品产量 + 在产品约当产量}$$

$$完工产品应分配该项费用 = 完工产品产量 \times 该项费用分配率$$

$$在产品应分配该项费用 = 在产品约当产量 \times 该项费用分配率$$

$$在产品应分配的该项费用 = 月初在产品成本 + 本月发生生产费用 - 完工产品该项费用$$

该方法是将期初结存在产品成本与本期发生的生产费用之和，按完工产品数量与月末在产品约当产量的比例进行分配，以计算完工产品成本和月末在产品成本。此方法适用于月末在产品数量较大、各月末在产品数量变化也较大、产品成本中原材料费用和人工费用及制造费用的比例相差不大的产品。

（二）计算在产品约当产量

按约当产量比例法分配生产费用的关键是正确计算月末在产品约当产量，而计算约当产量的关键是合理确定在产品完工程度或投料程度。在产品约当产量的计算，通常对于直接材料费用的分配率，应按在产品的投料程度来确定；对于直接人工费用、制造费用的分配率，应按在产品的完工程度来确定。

1. 直接材料费用分配的在产品约当产量计算

$$在产品约当产量 = 在产品实际数量 \times 在产品的投料程度$$

在产品的投料程度是指在产品已投材料占完工产品应投材料的百分比。

（1）如原材料为生产开始时一次投入，则在产品和完工产品所耗材料数量相同，因而在产品的投料程度为100%。这样无论在产品的完工程度如何，在分配材料费用时，都直接按完工产品和在产品数量比例分配。

$$在产品约当产量 = 在产品实际数量 \times 在产品的投料程度（100\%）$$

（2）如原材料为随生产过程陆续投入，则材料的投料程度与生产工时的投入进度基本一致，那么分配材料费用的在产品约当产量按在产品的完工程度折算。

在产品约当产量＝在产品实际数量×在产品完工程度

（3）如原材料为分工序投入并在每道工序开始时一次投入，则月末在产品的投料程度按下列公式计算：

$$某道工序投料程度=\frac{在上道工序累计投入材料数量+本工序投入材料数量}{完工产品应投材料数量}\times 100\%$$

$$某道工序投料程度=\frac{在上道工序累计投入材料费用+本工序投入材料费用}{完工产品应投材料费用}\times 100\%$$

说明：上面公式中的数量和费用可以是实际数，也可以是定额数。

【例4－4】假定宏光工厂生产甲产品要经过三道工序才能加工完成，原材料于每个工序一开始时投入。月末每道工序的在产品数量及原材料消耗情况如表4－5所示。

表4－5　在产品数量和原材料的消耗定额

工序	月末在产品数量（件）	单位产品原材料消耗定额（千克）
1	100	40
2	300	60
3	200	100
合计	600	200

要求：计算各工序在产品的投料程度及月末在产品直接材料成本项目的约当产量。

月末在产品直接材料的投料程度和约当产量计算，如表4－6所示。

表4－6　在产品投料程度和约当产量计算表（1）

工序	月末在产品数量（件）	单位产品原材料消耗定额（千克）	投料程度	在产品约当产量（件）
1	100	40	20%	20
2	300	60	50%	150
3	200	100	100%	200
合计	600	200		370

第一道工序在产品投料程度＝40÷200×100%＝20%

第二道工序在产品投料程度＝（40＋60）÷200×100%＝50%

第三道工序在产品投料程度＝（40＋60＋100）÷200×100%＝100%

第一道工序在产品约当产量＝100×20%＝20（件）

第二道工序在产品约当产量 = 300 × 50% = 150（件）

第三道工序在产品约当产量 = 200 × 100% = 200（件）

在产品约当产量 = 20 + 150 + 200 = 370（件）

（4）如果原材料是分工序投入并在每道工序随加工进度逐步投入的，则月末在产品的投料程度按下列公式计算：

$$某道工序投料程度 = \frac{\frac{上道工序累计投入}{材料数量（费用）} + \frac{本工序投入材料数量}{（费用）\times 50\%}}{完工产品应投材料数量（费用）} \times 100\%$$

【例 4 - 5】假定宏光工厂生产甲产品要经过三道工序加工完成，原材料分工序投入并于每道工序随加工进度逐步投入，其月末每道工序的在产品数量及原材料消耗情况同【例 4 - 4】中表 4 - 5 所示。

要求：计算各工序在产品的投料程度及月末在产品直接材料成本项目的约当产量。

月末在产品直接材料的投料程度和约当产量计算如表 4 - 7 所示。

表 4 - 7　在产品投料程度和约当产量计算表（2）

工序	月末在产品数量（件）	单位产品原材料消耗定额（千克）	投料程度	在产品约当产量（件）
1	100	40	10%	10
2	300	60	35%	105
3	200	100	75%	150
合计	600	200		265

第一道工序在产品投料程度 =（40 × 50%）÷ 200 × 100% = 10%

第二道工序在产品投料程度 =（40 + 60 × 50%）÷ 200 × 100% = 35%

第三道工序在产品投料程度 =（40 + 60 + 100 × 50%）÷ 200 × 100% = 75%

第一道工序在产品约当产量 = 100 × 10% = 10（件）

第二道工序在产品约当产量 = 300 × 35% = 105（件）

第三道工序在产品约当产量 = 200 × 75% = 150（件）

在产品约当产量 = 10 + 105 + 150 = 265（件）

2. 直接人工、制造费用等其他成本项目在产品约当产量计算

在产品约当产量 = 在产品实际数量 × 在产品完工程度

对于直接材料费用以外的成本项目，如直接人工、制造费用等其他成本项目，通常按完工程度来计算在产品的约当产量。因为这些费用的发生与完工程度关系密切，随着生产过程的进行而逐渐投入，产品的加工程度越高，所耗用的工时越多，所应负

担的这部分费用也就越多。完工程度是指根据截至某一工序在产品实耗工时（或定额工时）占完工产品的比例。其计算公式如下：

$$某道工序完工程度=\frac{在产品上道工序累计实际工时+在产品在本工序实际工时\times50\%}{完工产品实际工时}\times100\%$$

$$某道工序完工程度=\frac{在产品上道工序累计定额工时+在产品在本工序定额工时\times50\%}{完工产品定额工时}\times100\%$$

【例4－6】假定宏光工厂生产甲产品需经过三道工序加工而成，各工序工时定额资料如表4－8所示。要求：计算各工序在产品的完工程度及月末在产品的约当产量。

表4－8　　在产品数量和各工序的工时定额

工序	月末在产品数量（件）	各工序工时定额（小时）
1	100	30
2	300	20
3	200	50
合计	600	100

月末用以分配直接人工、制造费用的在产品完工程度和约当产量计算如表4－9所示：

表4－9　　在产品完工程度和约当产量计算表（1）

月末在产品数量（件）	各工序工时定额（小时）	完工程度	在产品约当产量（件）
100	30	15%	15
300	20	40%	120
200	50	75%	150
600	100		285

第一道工序在产品投料程度＝30×50%÷100×100%＝15%

第二道工序在产品投料程度＝（30＋20×50%）÷100×100%＝40%

第三道工序在产品投料程度＝（20＋30＋50×50%）÷100×100%＝75%

第一道工序在产品约当产量＝100×15%＝15（件）

第二道工序在产品约当产量＝300×40%＝120（件）

第三道工序在产品约当产量＝200×75%＝150（件）

在产品约当产量＝15＋120＋150＝285（件）

【例4-7】假定宏光工厂生产乙产品要经过两道工序加工完成，原材料分工序投入并于每道工序开始时一次投入，本月完工产品产量为400件，月末在产品100件，本月有关的生产费用和在产品结存于各工序的数量及定额资料分别如表4-10和表4-11所示。

表4-10　　本月有关生产费用（1）

产品名称：乙产品　　20×7年×月　　金额单位：元

摘要	直接材料	直接人工	制造费用	合计
月初在产品成本	2000	1000	1700	4700
本月发生生产费用	3000	3000	1300	7300
生产费用合计	5000	4000	3000	12000

表4-11　　在产品结存于各工序数量及定额资料（1）

工序	在产品数量（件）	材料消耗定额（千克）	工时定额（小时）
1	30	120	20
2	70	80	30
合计	100	200	50

要求：采用约当产量法计算完工产品与月末在产品的成本。

根据上述资料，具体计算程序如下：

（1）计算各工序在产品的投料程度及月末在产品直接材料成本项目的约当产量，如表4-12所示。

表4-12　　在产品投料程度和约当产量计算表（3）

工序	月末在产品数量（件）	单位产品原材料消耗定额（千克）	投料程度	在产品约当产量（件）
1	30	120	120÷200×100%＝60%	18
2	70	80	（120＋80）÷200×100%＝100%	70
合计	100	200		88

（2）计算各工序在产品的完工程度及月末在产品直接人工、制造费用成本项目的约当产量，如表4-13所示。

（3）计算直接材料、直接人工和制造费用成本项目的分配率和完工产品与月末在产品的成本，如表4-14所示。

表 4－13　　在产品投料程度和约当产量计算表（4）

工序	月末在产品数量（件）	单位产品原材料消耗定额（千克）	投料程度	在产品约当产量（件）
1	30	20	20×50%÷50×100%＝20%	6
2	70	30	（20＋30×50%）÷50×100%＝70%	49
合计	100	50		55

表 4－14　　基本生产成本明细账（1）

产品名称：乙产品　　20×7 年×月

产量：400 件　　金额单位：元

摘要	直接材料	直接人工	制造费用	合计
月初在产品成本	2000	1000	1700	4700
本月发生生产费用	3000	3000	1300	7300
生产费用合计	5000	4000	3000	12000
月末在产品数量	100	100	100	—
月末在产品约当产量	88	55	55	—
月末完工产品数量	400	400	400	—
约当生产总量	488	455	455	—
完工产品总成本	4100	3516	2636	10252
完工产品单位成本	10.25	8.79	6.59	25.63
月末在产品成本	900	484	364	1748

直接材料费用的分配：

直接材料费用单位成本＝5000÷（400＋88）＝10.25（元/件）

完工产品应分摊的直接材料费用＝10.25×400＝4100（元）

月末在产品应分摊的直接材料费用＝5000－4100＝900（元）

直接人工费用的分配：

直接人工费用单位成本＝4000÷（400＋55）＝8.79（元/件）

完工产品应分摊的直接工资费用＝8.79×400＝3516（元）

月末在产品应分摊的直接工资费用＝4000－3516＝484（元）

制造费用的分配：

制造费用单位成本＝3000÷（400＋55）＝6.59（元/件）

完工产品应分摊的制造费用＝6.59×400＝2636（元）

月末在产品应分摊的制造费用＝3000－2636＝364（元）

根据上述计算，据此编制完工产品入库的会计分录为：

借：库存商品——乙产品　10252

　贷：生产成本——基本生产成本——乙产品　10252

五、在产品按完工产品计算法

在产品按照完工产品成本计算法，是指将月末在产品视同已经完工产品，按照月末在产品数量与本月完工产品数量的比例来分配生产费用，以确定月末在产品成本和本月完工产品成本的方法。该方法的特点，是在产品视同完工产品分配生产费用。在产品按完工产品成本计价简化了成本计算工作，但只适用于在产品已接近完工只是尚未包装或尚未验收入库的产品。否则，采用这种方法会影响本月完工产品成本计算的准确性。

六、在产品按定额成本计价法

在产品按定额成本计价法，是根据月末在产品数量和单位定额成本计算月末在产品成本，倒推确定本期完工产品成本的方法。采用这种方法，月末在产品成本根据月末在产品数量和单位定额成本计算，然后从本月该种产品的全部生产费用（如果有月初在产品，包括月初在产品成本）中扣除，以求得完工产品的成本。其计算公式为：

某产品月末在产品定额成本 = 月末在产品数量 × 在产品单位定额成本

在产品单位定额成本 = 在产品定额材料成本 + 在产品定额人工成本 - 在产品定额制造费用

完工产品成本 = 月初在产品定额成本 + 本月生产费用 - 月末在产品定额成本

该方法中在产品只按定额成本计算，月末在产品的实际成本与定额成本之间的差额由本期完工产品负担，适用于各项消耗定额或费用定额比较准确、稳定，各月末在产品数量变化不大的产品。采用在产品按定额成本计价法的关键，在于计算月末在产品的定额成本，月末在产品定额成本的计算一般是分成本项目进行的。其中，直接材料项目可根据在产品数量和单位在产品材料定额成本计算，其他成本项目可根据在产品累计工时定额和每一工时定额的费用额计算。具体计算步骤如下。

1. 确定月末在产品材料定额成本

月末在产品材料定额成本的确定，由于材料的投料方式不同，计算方法也不一样。

（1）原材料为生产开始时一次投入，则月末在产品定额原材料成本计算方法为：

月末在产品定额原材料成本 = $\sum$（每道工序在产品数量 ×
单位产品材料费用定额）

（2）原材料为分工序投入，则月末在产品定额材料成本计算方法为：

月末在产品定额原材料成本 = $\sum$（某工序累计原材料费用定额 ×
该工序在产品数量）

①原材料为分工序投入并在每道工序随加工进度逐步投入，某工序累计原材料费用定额按下列方法计算：

某工序累计原材料费用定额 = 前道工序累计原材料费用定额 +
本工序原材料费用定额 ×50%

②原材料为分工序一次投入并在每道工序开始时一次投入的，则某工序累计原材料费用定额下列方法计算：

某工序累计原材料费用定额 = 前道工序累计原材料费用定额 +
本工序原材料费用定额

2. 确定月末在产品定额工时

确定月末在产品定额工时，要根据各工序结存的在产品数量和累计工时定额来计算。公式为：

月末在产品定额工时 = $\sum$（某道工序累计工时定额 × 该工序在产品数量）

某工序累计工时定额 = 前道工序累计工时定额 + 本工序工时定额 ×50%

3. 确定月末在产品定额人工成本和定额制造费用成本

（1）计算月末在产品的定额工资成本

月末在产品定额工资成本 = 月末在产品定额工时 × 每小时工资定额

（2）计算月末在产品定额制造费用成本

月末在产品定额制造费用成本 = 月末在产品定额工时 × 每小时制造费用定额

4. 计算月末在产品定额成本

月末在产品定额成本 = 月末在产品定额材料成本 + 月末在产品定额人工成本 +
月末在产品定额制造费用成本

【例 4 -8】 宏光工厂 20 ×7 年 × 月生产的乙产品由两道工序组成，原材料于生产开始时一次投入。本月完工乙产品 500 件，单位乙产品原材料费用定额为 100 元，每小时的人工定额为 10 元，每小时的制造费用定额为 5 元。本月有关乙产品的生产费用和在产品结存于各工序数量及定额资料分别如表 4 - 15 和表 4 - 16 所示。

表 4 – 15　　本月有关生产费用（2）

产品名称：乙产品　　20×7 年×月　　金额单位：元

摘要	直接材料	直接人工	制造费用	合计
月初在产品成本	2000	1000	5000	8000
本月发生生产费用	67000	30000	15000	112000
生产费用合计	69000	31000	20000	120000

表 4 – 16　　在产品结存于各工序数量及定额资料（2）

工序	在产品数量（件）	材料费用定额（元）	工时定额（小时）
1	80	100	20
2	20	—	30
合计	100	100	50

要求：采用在产品按定额成本计价法计算乙产品完工产品与月末在产品的成本。

（1）根据上述资料计算乙产品月末在产品定额成本，如表 4 – 17 所示。

表 4 – 17　　乙产品月末在产品定额成本计算表

工序	在产品数量（件）	直接材料定额成本（元）	在产品定额工时（小时）	直接人工定额成本（元）	制造费用定额成本（元）	定额成本合计（元）
1	80	8000	800	8000	4000	20000
2	20	2000	700	7000	3500	12500
合计	100	10000	1500	15000	7500	32500

在产品直接材料定额成本计算：

第一道工序在产品直接材料定额成本 $=80\times100=8000$（元）

第二道工序在产品直接材料定额成本 $=20\times100=2000$（元）

在产品直接材料定额成本 $=8000+2000=10000$（元）

在产品定额工时计算：

第一道工序单位在产品工时定额 $=20\times50\%=10$（小时）

第一道工序在产品定额工时 $=80\times10=800$（小时）

第二道工序单位在产品工时定额 $=20+30\times50\%=35$（小时）

第二道工序在产品定额工时 $=20\times35=700$（小时）

在产品直接人工定额成本计算：

第一道工序在产品直接人工定额成本 $=800\times10=8000$（元）

第二道工序在产品直接人工定额成本 = 700 × 10 = 7000（元）

在产品直接人工定额成本 = 8000 + 7000 = 15000（元）

在产品制造费用定额成本计算：

第一道工序在产品制造费用定额成本 = 800 × 5 = 4000（元）

第二道工序在产品制造费用定额成本 = 700 × 5 = 3500（元）

在产品制造费用定额成本 = 4000 + 3500 = 7500（元）

在产品定额成本计算：

第一道工序在产品定额成本 = 8000 + 8000 + 4000 = 20000（元）

第二道工序在产品定额成本 = 2000 + 7000 + 3500 = 12500（元）

月末在产品定额成本 = 20000 + 12500 = 32500（元）

或 = 10000 + 15000 + 7500 = 32500（元）

（2）根据上列有关月末在产品定额成本资料编制乙产品生产成本分配表，如表4 – 18 所示。

表 4 – 18　　基本生产成本明细账（2）

产品名称：乙产品　　20 × 7 年 × 月　　金额单位：元

摘要	直接材料	直接人工	制造费用	合计
月初在产品成本	2000	1000	5000	8000
本月发生生产费用	67000	30000	15000	112000
生产费用合计	69000	31000	20000	120000
月末在产品定额成本	10000	15000	7500	32500
完工产品总成本	59000	16000	12500	87500
完工产品单位成本	118	32	25	175

七、定额比例法

定额比例法是指计算在产品成本时，将生产费用按照完工产品与月末在产品定额消耗量或定额费用的比例进行分配的方法。其中，原材料费用，按原材料的定额消耗量或定额费用的比例分配；直接人工、制造费用等加工费用，可以按各项定额费用的比例分配，也可按定额工时比例分配。因为直接人工、制造费用等加工费用的定额费用一般根据定额工时乘以每小时的各费用定额计算，所以这些费用一般按定额工时比例分配，以简化费用的计算工作。其计算公式如下。

1. 直接材料费用的分配公式

$$直接材料费用分配率=\frac{月初在产品原材料费用+本月发生原材料费用}{完工产品原材料定额费用+月末在产品原材料定额费用}$$

完工产品应分配的直接材料费用=完工产品原材料定额耗用量（或费用）×直接材料费用分配率

本月在产品应分配的直接材料费用=本月在产品定额原材料耗用量（或费用）×直接材料费用分配率

月末在产品应分配的直接材料费用=月初在产品成本+本月发生的原材料费用-完工产品应分配的直接材料费用

2. 直接人工费用的分配公式

$$直接人工费用分配率=\frac{月初在产品直接人工+本月发生的直接人工}{完工产品定额工时+月末在产品定额工时}$$

完工产品应分配的直接人工费用=完工产品定额工时×直接人工费用分配率

本月在产品应分配的直接人工费用=本月在产品定额工时×直接人工费用分配率

月末在产品应分配的直接人工费用=月初在产品直接人工费用+本月发生的直接人工费用-完工产品应分配的直接人工费用

3. 制造费用的分配公式

$$制造费用分配率=\frac{月初在产品制造费用+本月发生的制造费用}{完工产品定额工时+月末在产品定额工时}$$

完工产品应分配的制造费用=完工产品定额工时×制造费用分配率

本月在产品应分配的制造费用=本月在产品定额工时×制造费用分配率

月末在产品应分配的制造费用=月初在产品制造费用+本月发生的制造费用-完工产品应分配的制造费用

该方法将完工产品和月末在产品的成本计算按照生产费用占完工产品和月末在产品的定额消耗量或定额费用的比例分配求得，而且在计算时也是分成本项目进行的。这一方法适用于各项消耗定额或费用定额比较准确、稳定但各月末在产品数量变动较大的产品。

【例4-9】宏光工厂20×7年×月生产甲产品的有关资料如表4-19所示。

表4-19　甲产品费用及定额资料

20×7年×月　　金额单位：元

摘要	直接材料	直接人工	制造费用	合计
月初在产品成本	5000	1200	2500	8700

续　表

摘要	直接材料	直接人工	制造费用	合计
本月发生生产费用	15000	32800	12500	60300
单位完工产品定额	40 千克	10 小时	10 小时	—
月末在产品定额	40 千克	5 小时	5 小时	—
完工产品产量（件）	—	—	—	400
月末在产品产量（件）	—	—	—	100

根据上述资料，采用定额比例法，计算本月完工产品成本和月末在产品成本的方法及结果，如表 4－20 所示。

表 4－20　　完工产品与月末在产品费用分配表

产品名称：甲产品　　20×7 年×月　　金额单位：元

成本项目	月初在产品成本	本月生产费用	生产费用合计	分配率	本月完工产品		月末在产品	
					定额耗用量或工时	实际费用	定额耗用量或工时	实际费用
直接材料	5000	15000	20000	1	16000	16000	4000	4000
直接人工	1200	32800	34000	7. 56	4000	30240	500	3760
制造费用	2500	12500	15000	3. 33	4000	13320	500	1680
合计	8700	60300	69000			59560		9440

（1）完工产品和月末在产品定额耗用量或工时计算：

完工产品直接材料定额耗用量＝40×400＝16000（千克）

月末在产品直接材料定额耗用量＝40×100＝4000（千克）

完工产品直接人工（制造费用）定额工时＝10×400＝4000（小时）

月末在产品直接人工（制造费用）定额工时＝5×100＝500（小时）

（2）直接材料、直接人工和制造费用的分配率计算：

直接材料的分配率＝20000÷（16000＋4000）＝1

直接人工的分配率＝34000÷（4000＋500）＝7. 56

制造费用的分配率＝15000÷（4000＋500）＝3. 33

（3）直接材料、直接人工和制造费用的实际费用计算：

完工产品应分摊的实际直接材料费用＝16000×1＝16000（元）

在产品应分摊的实际直接材料费用＝4000×1＝4000（元）

完工产品应分摊的实际直接人工费用＝4000×7. 56＝30240（元）

在产品应分摊的实际直接人工费用＝34000－30240＝3760（元）

完工产品应分摊的实际制造费用 = 4000 × 3.33 = 13320（元）

在产品应分摊的实际制造费用 = 15000 − 13320 = 1680（元）

（4）编制完工入库产品成本分录：

借：库存商品——甲产品　59560

　贷：生产成本——基本生产成本——甲产品　59560

生产费用在完工产品与月末在产品之间分配的方法较多，企业可以根据所生产不同产品的特点及管理条件合理选用其中一种或几种，但选定之后没有特殊情况不能随意变更，以便使不同时期的产品成本具有可比性。

任务三　完工产品成本的结转

任务导入

兴远公司生产 A 产品经过三道工序，原材料分别在各个工序生产开始时一次投入。按照约当产量法进行费用分配，本月完工产品成本 508422 元，在产品成本 127576 元，请问期末应如何做完工产品成本结转的会计处理？

任务知识

通过上述生产费用在完工产品与月末在产品之间的分配，计算出各成本明细账中完工产品成本。完工产品成本计算出来后，应从"生产成本——基本生产成本"总账科目和所属产品成本明细账的贷方转入"库存商品"（入库产成品）、"原材料"（完工自制材料）、"低值易耗品"（自制工具、模具）等账户的借方。"生产成本——基本生产成本"总账月末余额为月末在产品的成本。

完工产品成本的结转，在实务中一般是根据基本生产成本明细账编制产品成本汇总表，并根据该表资料，编制如下完工入库产品成本会计分录：

借：库存商品等——×产品

　贷：生产成本——基本生产成本——×产品

延伸阅读

福特成本管理

福特汽车创立于1903 年，当时年产量1700 多辆。福特建立了汽车业的第一条生产线，大大降低了生产的成本，离自己要实现一分钟生产一辆汽车，并且让造车的人也买得起汽车，让汽车成为大众的代步工具的梦想更近了一步，福特开始琢磨在任意一个细节节省成本。汽车的成本一天天下降，大量的汽车被卖出去，而产量的增加，让生产的成本继续下降。老福特的发展思路是上量—降成本，大规模生产，大规模采购，用规模和低成本来竞争。原因也很简单，市场刚刚起步，基本的需求还没有满足，很多家庭还没有汽车，短缺的年代，汽车属于少数有钱人；消费者的收入水平也使得低价格成为一个很好的卖点；顾客都是基本需求，相同倾向很大。

福特认为以最低的成本卖出最多的产品就能获得最大的利润。通过规模经济，增加产量可以急剧降低成本，从而可以降低价格。而需求是有弹性的，低价格能够保证最大限度地卖出产品，价格越低，就会有更大的产销量；当产销量上去了，随着生产规模的增加，会进一步加速成本的下降，这就使得我们有进一步降低价格的空间。随着价格的降低，市场扩大了，在细分市场上的消费者会屈从于低价格，在差别化和低价格之间选择更低的价格，消费者向统一的市场转变，这就增加了消费市场的一致性。提供品种相对较少的产品，顾客的选择余地虽然减少，却有助于成本的降低，在相对统一的市场环境下，可以卖出更多的产品。

为了实现尽可能低的成本和更大的市场，生产过程应当尽量自动化，由此增加的固定成本会被规模经济所消化，从而新的工艺技术也就能有力地推动成本的降低。同时，要想时刻保持生产过程的效率，其中最重要的就是稳定，包括输入、转化、输出过程的稳定，以保障每一个环节的流畅运转。在此种经营模式下，产品的生命周期会被尽量延长，以降低单位产品的生产成本，并减少对于技术和工艺的平均投入。产品生命周期的延长，使得企业有更多的时间进行产品改进，这又推动了更大规模市场的形成。因此，福特的丁字型汽车虽然款式单一，颜色也比较少，却占据了很大的市场份额，取得了极大的成功。

从 1908 年开始，福特着手在 T 型汽车上实行单一品种大量生产，到 1915 年建成了第一条生产流水线，实现了一分钟生产一辆汽车的愿望，到 1916 年，T 型汽车的累计产量达到 58 万辆。随着产量的增加，汽车的成本也大幅下降，从 1909 年的 950 美元降到了 1916 年的 360 美元，11 年后，也就是 1927 年，T 型汽车的累计产量突破了 150 万辆，市场占有率达到 50%。这帮助很多美国家庭实现了汽车梦想。

项目小结

本项目主要介绍在产品数量的核算、生产费用在完工产品和在产品间的分配以及完工产品成本的结转。期末在产品成本的计算是为了计算本期完工产品成本，掌握它们之间的等式关系。学生应重点掌握在产品的核算方法，主要包括不计算在产品成本法、在产品按固定成本计算法、在产品按所耗原材料费用计算法、约当产量比例法、按完工产品计算法、按定额成本计价法等。本项目的难点在于如何根据企业在产品数量的多少、各月在产品数量变化的大小、各项费用比例的大小以及定额管理的好坏等具体条件选择合理又简便的分配方法。

技能训练

【业务题一】

【资料】某企业生产的 A 产品月末在产品数量比较稳定，采用在产品按固定成本计价法。该产品月初在产品成本为 128000 元，其中，直接材料 64000 元，直接人工 38000 元，制造费用 26000 元；本月发生生产费用 2000000 元，其中，直接材料 960000 元，直接人工 580000 元，制造费用 460000 元。A 产品本月完工 2000 件。

【要求】（1）采用在产品按固定成本计价法计算月末在产品成本和本月完工产品成本，并填制表 4－21。

（2）作出结转本月完工入库产品成本的会计分录。

表 4－21　　产品成本计算单（1）

产品：A 产品　　产量：2000 件　　20×7 年×月　　单位：元

摘要	直接材料	直接人工	制造费用	合计
月初在产品成本				
本月生产费用				
生产费用合计				
结转完工产品成本				
完工产品单位成本				
月末在产品成本				

【业务题二】

【资料】某企业生产的 B 产品直接材料费用在产品成本中所占比例较大，在产品只计算材料成本。B 产品月初在产品总成本（直接材料成本）为 1500000 元；本月发生生产费用 2400000 元，其中，直接材料 1800000 元，直接人工 360000 元，制造费用 240000 元；B 产品本月完工 300 件，月末在产品 30 件，在产品的原材料费用已全部投入，直接材料费用可以按完工产品和月末在产品的数量比例分配。

【要求】(1) 采用在产品按所耗直接材料费用计价法计算在产品成本，并填制表4－22。

(2) 作出结转本月完工入库产品成本的分录。

表4－22　　　　　　　　　产品成本计算单（2）

产品：B产品　　产量300件　　　　20×7年×月　　　　单位：元

摘要	直接材料	直接人工	制造费用	合计
月初在产品成本				
本月生产费用				
生产费用合计				
结转完工产品成本（300件）				
完工产品单位成本				
月末在产品成本（30件）				

【业务题三】

【资料】某企业生产的C产品顺序经过第一、第二、第三道工序加工，单位产品原材料消耗定额为50元，其中，第一工序材料定额为32元，第二工序材料定额为8元，第三工序材料定额为10元。月末在产品数量为400件，其中，第一工序250件，第二工序50件，第三工序100件。

【要求】(1) 按照原材料在各道工序生产开始时一次投入计算各工序月末在产品的投料程度。

(2) 计算月末在产品的约当产量，并填制表4－23。

表4－23　　　　　在产品投料程度和约当产量计算表（5）

工序	各工序直接材料定额（元）	月末在产品数量（件）	各工序在产品投料程度	在产品约当产量（件）
1				
2				
3				
合计				

【业务题四】

【资料】沿用【业务题三】的资料，该厂生产的C产品单位产品工时消耗定额为10小时，其中，第一工序3小时，第二工序6小时，第三工序1小时；各工序在产品的加工程度分别为60%、50%、50%。

【要求】计算各工序月末在产品的完工程度及约当产量，并填制表4－24。

表 4－24　　在产品完工程度和约当产量计算表（2）

产品：C 产品　　20×7 年×月　　单位：件

工序	各工序工时定额（小时）	月末在产品数量	各工序在产品加工程度	在产品约当产量
1				
2				
3				
合计				

【业务题五】

【资料】某企业生产的 C 产品本月完工验收入库数量为 1400 件，月末在产品为 400 件，在产品约当产量见【业务题三】和【业务题四】计算结果。C 产品月初在产品成本为直接材料 53600 元，直接人工 13608 元，制造费用 8500 元；C 产品本月发生生产费用为直接材料 286400 元，直接人工 111992 元，制造费用 70000 元。

【要求】（1）采用约当产量比例法计算 C 产品月末在产品成本和本月完工产品成本，并填入表 4－25。

（2）作出结转本月完工入库产品成本的分录。

表 4－25　　产品成本计算单（3）

产品：C 产品　　产量 1400 件　　20×7 年×月　　单位：元

摘要	直接材料	直接人工	制造费用	合计
月初在产品成本				
本月生产费用				
本月生产费用合计				
完工产品产量				
月末在产品约当产量				
费用分配率				
结转完工产品成本				
月末在产品成本				

【业务题六】

【资料】某企业生产的 D 产品是定型产品，有比较健全的定额资料和定额管理制度。D 产品单位产品原材料消耗定额为 1000 元，工时消耗定额为 100 小时。本月完工 D 产品 2000 件。月末在产品为 400 件，其中，第一道工序在产品为 200 件，单位在产品原材料消耗定额为 600 元，工时消耗定额为 25 小时；第二工序在产品为 100 件，单位在产品原材料消耗定额为900元，工时消耗定额为65小时；第三工序在产品为100件，单位在产品原材料消耗定额为1000元，工时消耗定额为90小时。根据产品成本明细账提供的资料，D产品月初在产品成本400000元，其中，直接材料300000元，直接人工44000元，制造费用56000元；本月发生生产费用3035600元，其中，直接材料2033100元，直接人工441100元，制造费用561400元。

【要求】（1）采用定额比例分配法计算D产品月末在产品成本和本月完工产品成本，并填入表4－26。

（2）作出结转本月完工入库产品成本的分录。

表4－26　　**产品成本计算单（4）**

产品：D产品　　产量：2000件　　20×7年×月　　单位：元

摘要		直接材料	直接人工	制造费用	合计
月初在产品成本					
本月生产费用					
生产费用合计					
总定额	完工产品				
	月末在产品				
	合计				
分配率					
结转完工产品实际成本					
月末在产品成本					

【业务题七】

【资料】某企业生产甲、乙两种产品，原材料在生产开始时一次投入，单位产品原材料费用定额：甲产品40元，乙产品32元。单位产品工时定额：甲产品30小时，乙产品20小时。月末在产品数量：甲产品80件，乙产品100件。在产品单件工时定额15小时，单位工时费用定额，直接人工0.50元，制造费用1.0元。

【要求】计算月末在产品的定额成本。

项目五　产品成本计算的基本方法

职业能力目标

- 了解生产按工艺过程特点和按生产组织特点的分类
- 掌握生产特点和成本管理的要求对成本计算对象、成本计算期和完工产品与在产品之间费用分配的影响
- 理解区分成本计算基本方法和辅助方法的标志
- 掌握品种法、分步法和分批法的特点、适用范围、一般计算程序及账务处理过程
- 掌握逐步结转分步法和平行结转分步法各自的优缺点
- 掌握分步法的适用范围、特点及种类
- 掌握逐步结转分步法的计算程序，重点掌握逐步综合结转分步法及成本还原，了解逐步分项结转分步法
- 掌握成本计算分批法的适用范围和特点
- 掌握一般分批法的核算程序及应用
- 了解简化分批法的核算程序及应用

关键概念

品种法　分步法　分批法

结构导图

产品成本计算的基本方法
- 产品成本计算的主要方法
- 产品成本计算的品种法
- 产品成本计算的分批法
- 产品成本计算的分步法

项目导入

发电企业、汽车制造企业在计算产品成本时，有各自的特点。发电企业只生产一种产品——电，而且生产过程在技术上不能间断；汽车企业可以生产不同型号的汽车，它的生产过程是将各种原材料在不同的加工车间平行加工为各种零件和部件，然后将各个零件和部件装配成最终产品——汽车。请同学们一起思考，这些企业能采用同样的方法计算产品成本吗？它们在生产上各有什么特点？

任务一　产品成本计算的主要方法

任务导入

某衬衫厂业务繁忙，每个月都有几十份订单，产品都是衬衫，但不同的订单要求都不相同，或样式不同，或原料不同，或批量不同，或版式不同。总之，一份订单一份要求。面对这样的情况，请思考应用哪种方法计算产品成本？

任务知识

产品成本计算方法适用范围详见图5－1。

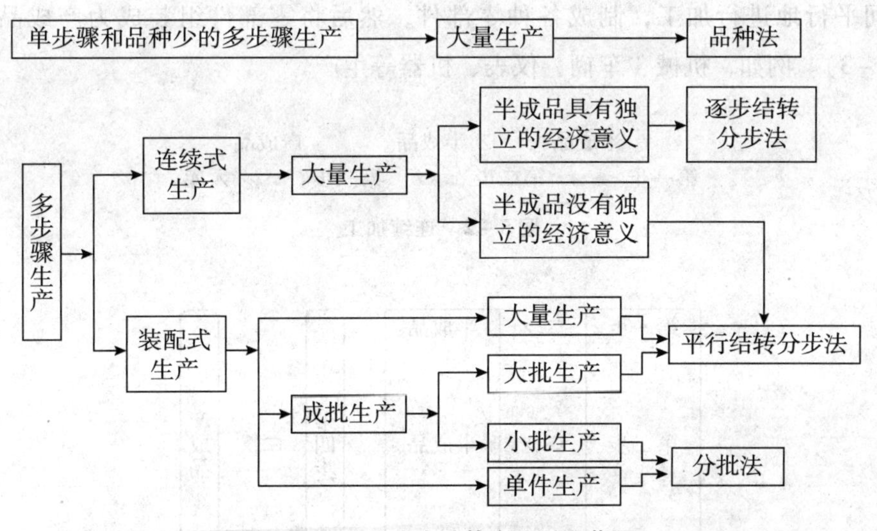

图5－1　产品成本计算方法适用范围

一、企业生产类型及特点

（一）按工艺过程特点分类

1. 单步骤生产（简单生产）

单步骤生产是指生产工艺过程不能间断，不能分散在不同工作地点进行的生产。

单步骤生产的特点是产品生产周期较短，没有自制半成品，产品稳定，生产只能由一个车间或一个企业独立完成；成本对象一般只能按照产品品种确定。例如，发电、供水、供气等生产。

2. 多步骤生产（复杂生产）

多步骤生产是指生产工艺过程由若干个在工艺上可以间断的加工步骤所组成的生产。它既可以在一个企业或车间内独立进行，也可以由几个企业或车间协作进行。产品的生产周期较长，有半成品或中间产品。

多步骤生产按其产品的加工方式可分为连续式多步骤生产和装配式多步骤生产。连续式多步骤生产，是指从投入生产的原材料到产品完工，要依次经过各个生产步骤的连续加工而形成产成品的生产（见图5－2）。前一个生产步骤完成的半成品是后一个生产步骤的加工对象，直到最后一个步骤的完工才形成产成品。例如，纺织、冶金等制造业的生产。装配式多步骤生产又称平行式多步骤生产，是指先将各种材料分别在各个车间平行地进行加工，制成各种零部件，然后将零部件组装成为产成品的生产（见图5－3）。例如，机械、车辆、仪表、机器等生产。

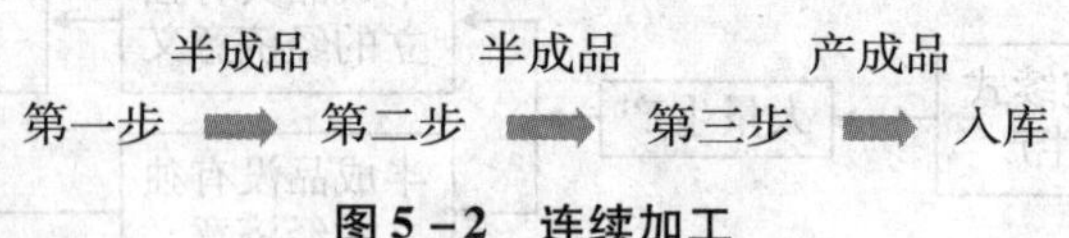

图5－2　连续加工

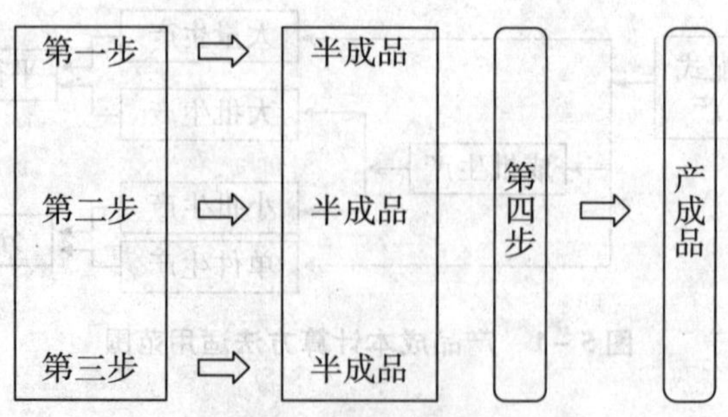

图5－3　装配式加工

（二）按生产组织特点分类

按生产组织特点分类，工业企业生产可分为大量生产、成批生产和单件生产三种形式。

1. 大量生产

大量生产是指不断重复生产品种相同产品的生产。例如，纺织、冶金、造纸、酿造等工业的生产。大量生产的特点是产量大、生产的重复性强、品种少而稳定。大量生产通常采用专用设备进行生产。

2. 成批生产

成批生产是指按照预先确定的产品批别和数量进行的产品生产。例如，服装、车辆、电器等的生产。成批生产的特点是产品品种比较稳定，产量较大，具有一定的重复性。成批生产按照产品批量的大小，又可分为大批生产和小批生产。大批生产类似于大量生产，小批生产类似于单件生产。

3. 单件生产

单件生产是指根据订货单位的要求生产个别的、性质特殊的产品。例如，造船、重型机械制造企业，其生产按件组织，特点是品种多、重复少。

二、生产特点和成本管理要求对产品成本计算的影响

生产类型不同，对成本进行管理的要求也不一样，而生产特点和管理要求又必然对产品成本计算产生影响，具体主要表现在以下方面。

1. 对成本计算对象的影响

在连续式的简单生产情况下，由于原材料一经投入生产，在各个生产步骤之间就不能中断，必须连续不断地进行生产，即一旦完成上一步骤的加工，就必须立即转移到下一步骤继续加工，直至最终生产出产成品。也就是说，各个生产步骤不仅没有期末在产品，也没有半成品，所以其成本计算对象比较单一，最终完工的产成品就是其成本计算对象。

在连续式复杂生产条件下，虽然产品生产是依据一定的生产顺序进行的，但不同的生产步骤之间是可以间断的，即完成了上一个生产步骤之后不一定立即转移到下一个生产步骤。相对于不可间断的连续式生产而言，各个生产步骤都完成产成品的一定加工程度，所以除了最后生产步骤生产出产成品外，其他中间步骤都是半成品。那么，在这种类型的企业，除了要以最终完工的产成品作为成本计算对象外，因为半成品可以直接对外销售，或为便于成本管理和考核，往往还要计算半成品的成本，所以半成

品也是成本计算对象。

装配式生产通常是先制造产成品的零部件，然后再装配成产成品，其产品生产的工艺技术特点是相同的，对成本计算的影响主要在于生产组织方面。如果生产组织是单件或小批生产，其一般是以客户的订单为依据组织生产，那么根据订单所确定的某一件或某一批产品，就是其成本计算对象。如果生产组织是大批或大量生产，通常是以最终完工产品作为成本计算对象。

2. 对成本计算期的影响

在不同的生产类型中，成本计算期也不尽相同，而成本计算期主要取决于生产组织的方式。

在单件、小批生产中，生产一般都是不重复进行的，因此，产品成本只能在某件或某批产品制造完工之后再进行计算。其成本计算期是不定期的，而且成本计算期一般与其生产周期相一致。

在大批、大量生产中，产品生产周期较短，生产经营持续不断地进行，每月都有一定的完工产品和在产品。因而，产品成本的计算要在月末定期进行，成本计算期与会计报告期一致，但与产品生产周期不一致。

3. 对在完工产品与在产品之间分配费用的影响

生产类型的特点，还影响到月末在进行成本计算时有没有在产品，是否需要在完工产品与在产品之间分配费用的问题。

三、产品计算方法的选择

不同的企业，由于生产的工艺过程、生产组织，以及成本管理要求不同，成本计算的方法也不一样。不同成本计算方法的区别主要表现在三个方面：一是成本计算对象不同；二是成本计算期不同；三是生产费用在产成品和半成品之间的分配情况不同。常用的成本计算方法主要有品种法、分批法和分步法。

1. 品种法

品种法是以产品品种作为成本计算对象来归集生产费用、计算产品成本的一种方法。由于品种法不需要按批计算成本，也不需要按步骤来计算半成品成本，因而这种成本计算方法比较简单。品种法主要适用于大批量单步骤生产的企业，如发电、采掘等；或者应用于虽属于多步骤生产但不要求计算半成品成本的小型企业，如水泥、制砖等。品种法一般按月定期计算产品成本，也不需要把生产费用在产成品和半成品之间进行分配。

2. 分批法

分批法也称订单法，是以产品的批次或订单作为成本计算对象来归集生产费用、计算产品成本的一种方法。分批法主要适用于单件和小批的多步骤生产，如重型机床、船舶、精密仪器和专用设备等。分批法的成本计算期是不固定的，一般把一个生产周期（即从投产到完工的整个时期）作为成本计算期来计算产品成本。由于在未完工时没有产成品，完工后又没有在产品，产成品和在产品不会同时并存，因而也不需要把生产费用在产成品和在产品之间进行分配。

3. 分步法

分步法是按产品的生产步骤归集生产费用、计算产品成本的一种方法。分步法适用于大量或大批的多步骤生产，如机械、纺织、造纸等。分步法由于生产的数量大，在某一时间上往往既有已完工的产成品，又有未完工的在产品和半成品，不可能等全部产品完工后再计算成本。因此，分步法一般是按月定期计算成本，并且要把生产费用在产成品和半成品之间进行分配。

除上述基本方法外，还有产品成本计算的辅助方法。在产品品种、规格繁多的制造企业，如针织厂、灯泡厂等，为了简化成本计算工作，还应用一种简便的产品成本计算方法——分类法；在定额管理工作基础好的制造企业，为了配合和加强定额管理，加强成本控制，更有效地发挥成本计算的分析性和监督性作用，还应用一种将符合定额的费用和脱离定额的差异分别核算的产品成本计算方法——定额法。这些方法与生产类型的特点没有直接联系，不涉及成本计算对象；它们的应用或者是为了简化成本计算工作，或者是为了加强成本管理，只要具备条件，在哪种生产类型企业都能使用。因此，从计算产品实际成本的角度来说，它们不是必不可少的。在制造企业中，确定不同的成本计算对象，采用不同的成本计算方法，主要是为了适应企业的生产特点和管理要求，正确提供成本核算资料以加强成本管理。但是，不论什么生产类型企业，不论采用什么成本计算方法，最终都必须按照产品品种算出产品成本。因此，按照产品品种计算成本，是产品成本计算的最一般、最起码的要求。换而言之，品种法是上述基本方法中最基本的成本计算方法。

表 5 - 1 是成本计算基本方法的比较。

表 5 - 1　　成本计算基本方法的比较

成本计算方法	品种法	分批法	分步法
成本核算对象	产品的品种	产品的批别	产品的生产步骤
成本计算期	定期按月，与生产周期不一致，与会计报告期一致	可以不定期，与生产周期一致，与会计报告期不一致	定期按月，与生产周期不一致，与会计报告期一致

续 表

成本计算方法		品种法	分批法	分步法
生产费用在完工产品与在产品之间的分配		有在产品时，需要分配	一般不需要分配	通常有在产品，需要分配
适用范围	生产组织类型	大量大批生产	单件小批生产	大量大批生产
	生产工艺过程和管理要求	单步骤生产或管理上不要求分步骤计算成本的多步骤生产	单步骤生产或管理上不要求分步骤计算成本的多步骤生产	管理上要求分步骤计算成本的多步骤生产

任务二　产品成本计算的品种法

任务导入

饼干的生产工艺过程如下：打面—专车压切—烘烤—码堆—包装。打面是将原材料配好后，装入机器搅拌；打好的面再送专车压切、成型；切好后送到炉中烘烤；烤熟后再堆成堆儿；最后包装出售。根据以上描述，请思考：如何进行饼干的成本计算，具体应采用何种方法？

任务知识

一、品种法的含义

品种法是以产品品种为产品计算对象、归集生产费用、计算产品成本的一种方法。产品成本计算的品种法是一种计算工作比较简单的方法，一般运用于大量大批的简单生产（单步骤生产），例如，自来水生产、原煤原油的开采等。这类生产往往品种单一，封闭式生产，月末一般没有在产品存在。

二、品种法的适用范围

（1）品种法主要适用于大量大批的单步骤生产企业。

（2）在大量大批多步骤生产的企业，如果企业规模较小，而且管理上又不要求提供各步骤的成本资料时，也可以采用品种法计算产品成本。

（3）企业的辅助生产车间也可以采用品种法计算产品成本。

三、品种法的特点

1. 成本计算对象

品种法以产品品种作为成本计算对象，并据以设置产品成本明细账归集生产费用和计算产品成本。如果企业生产的产品不止一种，就需要以每一种产品作为成本计算对象，分别设置产品成本明细账。

2. 成本计算期

大量大批的生产是不间断地连续生产，无法按照产品的生产周期来归集生产费用、计算产品成本，因而只能定期按月计算产品成本，然后将本月的销售收入与产品生产成本配比，计算本月损益。因此，产品成本是定期按月计算的，与报告期一致，与产品生产周期不一致。

3. 生产费用是否需要在完工产品和在产品之间进行分配

如果是大量大批的简单生产，企业应采用品种法计算产品成本。因为简单生产是一个生产步骤就完成了整个生产过程，所以月末（或者任何时点）一般没有在产品，因此，计算产品成本时不需要将生产费用在完工产品和在产品之间进行分配。如果是管理上不要求分步骤计算产品成本的大量大批的复杂生产企业，也可以采用品种法计算产品成本。因为复杂生产是需要经过多个生产步骤的生产，所以月末（或者任何时点）一般生产线上都会有在产品，因此，计算产品成本时就需要将生产费用在完工产品和在产品之间进行分配。企业可分析具体情况，生产费用在完工产品和在产品之间进行分配时选择合适的方法。

四、品种法的计算程序

1. 设置成本明细账

按产品品种设置产品成本明细账或成本计算单、辅助生产成本明细账、制造费用明细账，并按成本项目或费用项目设置专栏。

2. 分配各种要素费用

（1）根据货币资金支出业务，按用途分类汇总各种付款凭证，登记各项费用，据以登记有关明细账。

借：制造费用

　　生产成本——辅助生产成本

　贷：银行存款

（2）根据领、退料凭证及有关分配标准，编制材料费用分配表，分配材料费用，据以登记有关明细账。

借：生产成本——基本生产成本

——辅助生产成本

制造费用

贷：原材料

借：生产成本——基本生产成本

——辅助生产成本

制造费用

贷：材料成本差异

（3）根据电费付款凭证和实际耗用量，编制外购动力费用分配表，据以登记有关明细账。

借：生产成本——基本生产成本

——辅助生产成本

制造费用

贷：应付账款

（4）根据工资结算凭证和福利费提取标准，编制工资及福利费分配表，分配工资及福利费，据以登记有关明细账。

借：生产成本——基本生产成本

——辅助生产成本

制造费用

贷：应付工资

借：生产成本——基本生产成本

——辅助生产成本

制造费用

贷：应付福利费

（5）根据固定资产使用情况及折旧办法，编制固定资产折旧费用分配表，分配固定资产折旧费，据以登记有关明细账。

借：制造费用

生产成本——辅助生产成本

贷：累计折旧

（6）根据“待摊费用明细账”和“预提费用明细账”记录，编制待摊费用和预提费用分配表，分配待摊费用和预提费用，据以登记有关明细账。

借：制造费用

　　生产成本——辅助生产成本

　贷：待摊费用

借：制造费用

　　生产成本——辅助生产成本

　贷：预提费用

3. 分配辅助生产费用

根据“辅助生产成本明细账”上归集的生产费用，编制辅助生产费用分配表，采用适当的分配方法，进行辅助生产费用分配，据以登记有关明细账。

借：制造费用

　　管理费用

　贷：生产成本——辅助生产成本

4. 分配基本生产车间制造费用

根据基本生产车间“制造费用明细账”上归集的生产费用，编制制造费用分配表，采用适当的分配方法，分配制造费用，据以登记“基本生产成本明细账”和“成本计算单”。

借：生产成本——基本生产成本

　贷：制造费用

5. 计算各种产品的完工产品成本和在产品成本

根据“基本生产成本明细账”和“成本计算单”上归集的生产费用，月末，采用适当的计算方法，计算各种产品的完工产品成本和在产品成本。如果月末没有在产品，则本月生产费用总额就全部是完工产品成本。

6. 结转产成品生产成本

根据“基本生产成本明细账”和“成本计算单”计算的各种产品的完工产品成本，编制“完工产品成本汇总表”，据以结转产成品生产成本。

借：产成品

　贷：生产成本——基本生产成本

五、品种法的优缺点

优点：品种法是最基本的产品成本计算方法。采用这种方法，既不要求按照产品批别计算成本，又不要求按照产品生产步骤计算成本，而是只要求按照产品的品种计算产品成本。

缺点：它适用于产品品种单一，生产周期较短的大量大批单步骤生产。如果生产的产品步骤复杂，而且是小批单件生产，这一方法就不太适合了。

【例5－1】品种法下的成本计算案例。

海纳百川集团下属的北方公司20×7年8月生产甲、乙两种产品，本月有关成本计算资料如下：

1. 月初在产品成本

甲、乙两种产品的月初在产品成本见表5－2。

表5－2　　　　甲、乙产品月初在产品成本资料表

20×7年8月　　　　单位：元

摘要	直接材料	直接人工	制造费用	合计
甲产品月初在产品成本	164000	32470	3675	200145
乙产品月初在产品成本	123740	16400	3350	143490

2. 本月生产数量

甲产品本月完工500件，月末在产品100件，实际生产工时100000小时；乙产品本月完工200件，月末在产品40件，实际生产工时50000小时。甲、乙两种产品的原材料都在生产开始时一次投入，加工费用发生比较均衡，月末在产品完工程度均为50%。

3. 本月发生生产费用

（1）本月发出材料汇总表，见表5－3。

表5－3　　　　发出材料汇总表

20×7年8月　　　　单位：元

领料部门和用途	材料类别			合计
	原材料	包装物	低值易耗品	
基本生产车间耗用				
甲产品耗用	800000	10000		810000
乙产品耗用	600000	4000		604000
甲、乙产品共同耗用	28000			28000
车间一般耗用	2000		100	2100
辅助生产车间耗用				
供电车间耗用	1000			1000
机修车间耗用	1200			1200
厂部管理部门耗用	1200		400	1600
合计	1433400	14000	500	1447900

注：生产甲、乙两种产品共同耗用的材料，按甲、乙两种产品直接耗用原材料的比例进行分配。

（2）本月工资结算汇总表及职工福利费用计算表（简化格式），见表5－4。

表5－4　　　　　　　　　　**工资及福利费汇总表**

20×7年8月　　　　　　　　　　　　　　　　　　　　　　　　单位：元

人员类别	应付工资总额	应计提福利费	合计
基本生产车间			
产品生产工人	420000	58800	478800
车间管理人员	20000	2800	22800
辅助生产车间			
供电车间	8000	1120	9120
机修车间	7000	980	7980
厂部管理人员	40000	5600	45600
合计	495000	69300	564300

（3）本月以现金支付的费用为2500元，其中，基本生产车间负担的办公费250元，市内交通费65元；供电车间负担的市内交通费145元；机修车间负担的外部加工费480元；厂部管理部门负担的办公费1360元，材料市内运输费200元。

（4）本月以银行存款支付的费用为14700元，其中，基本生产车间负担的办公费1000元，水费2000元，差旅费1400元，设计制图费2600元；供电车间负担的水费500元，外部修理费1800元；机修车间负担的办公费400元；厂部管理部门负担的办公费3000元，水费1200元，招待费200元，市话费600元。

（5）本月应计提固定资产折旧费22000元，其中，基本生产车间折旧10000元，供电车间折旧2000元，机修车间折旧4000元，厂部管理部门折旧6000元。

（6）根据“待摊费用”账户记录，本月应分摊财产保险费3195元，其中，供电车间负担800元，机修车间负担600元，基本生产车间负担1195元，厂部管理部门负担600元。

【解析】

品种法的成本计算程序如下。

1. 设置有关成本费用明细账和成本计算单

按品种设置基本生产成本明细账和成本计算单，按车间设置辅助生产成本明细账和制造费用明细账，设置其他与成本计算无关的费用明细账如管理费用明细账等。

2. 要素费用的分配

根据各项生产费用发生的原始凭证和其他有关资料，编制各项要素费用分配表，分配各项要素费用。

（1）分配材料费用。其中，生产甲、乙两种产品共同耗用材料按甲、乙两种产品直接耗用原材料的比例分配。分配结果见表5－5、表5－6。

表5－5　　甲、乙产品共同耗用材料分配表

20×7年8月　　单位：元

产品名称	直接耗用原材料	分配率	分配共耗材料
甲产品	800000		16000
乙产品	600000		12000
合计	1400000	0.02	28000

表5－6　　材料费用分配表

20×7年8月　　单位：元

会计科目	明细科目	原材料	包装物	低值易耗品	合计
基本生产成本	甲产品	816000	10000		826000
	乙产品	612000	4000		616000
	小计	1428000	14000		1442000
辅助生产成本	供电车间	1000			1000
	机修车间	1200			1200
	小计	2200			2200
制造费用	基本生产车间	2000		100	2100
管理费用	修理费	1200		400	1600
合计		1433400	14000	500	1447900

根据材料费用分配表，编制发出材料的会计分录：

借：生产成本——基本生产成本——甲产品　826000

　　　　　　　　　　　　　——乙产品　616000

　　生产成本——辅助生产成本——供电车间　1000

　　　　　　　　　　　　　——机修车间　1200

　　制造费用——基本生产车间　2100

　　管理费用——修理费　1600

　贷：原材料　1433400

　　　包装物　14000

　　　低值易耗品　500

（2）分配工资及福利费用。其中，甲、乙两种产品应分配的工资及福利费按甲、乙两种产品的实际生产工时比例分配。分配结果见表5-7。

表5-7　　**工资及福利费用分配表**

20×7年8月　　单位：元

分配对象		工资			福利费	
会计科目	明细科目	分配标准	分配率	分配额	分配率	分配额
基本生产成本	甲产品	100000		280000		39200
	乙产品	50000		140000		19600
	小计	150000	2.80	420000	0.392	58800
辅助生产成本	供电车间			8000		1120
	机修车间			7000		980
	小计			15000		2100
制造费用	基本生产车间			20000		2800
管理费用	工资、福利费			40000		5600
合计				495000		69300

根据工资及福利费分配表，编制工资及福利费分配业务的会计分录：

借：生产成本——基本生产成本——甲产品　280000
　　　　　　　　　　　　　——乙产品　140000
　　生产成本——辅助生产成本——供电车间　8000
　　　　　　　　　　　　　——机修车间　7000
　　制造费用——基本生产车间　20000
　　管理费用——工资　40000
　贷：应付工资　495000

借：生产成本——基本生产成本——甲产品　39200
　　　　　　　　　　　　　——乙产品　19600
　　生产成本——辅助生产成本——供电车间　1120
　　　　　　　　　　　　　——机修车间　980
　　制造费用——基本生产车间　2800
　　管理费用——福利费　5600
　贷：应付福利费　69300

（3）计提固定资产折旧费用及摊销待摊费用。分配结果见表5－8、表5－9。

表5－8　　折旧费用计算表

20×7年8月　　单位：元

会计科目	明细科目	费用项目	分配金额
制造费用	基本生产车间	折旧费	10000
辅助生产成本	供电车间	折旧费	2000
	机修车间	折旧费	4000
管理费用		折旧费	6000
合计			22000

根据折旧费用计算表，编制计提折旧的会计分录：

借：制造费用——基本生产车间　10000

　　生产成本——辅助生产成本——供电车间　2000

　　　　　　　　　　　　　　——机修车间　4000

　　管理费用——折旧费　6000

　贷：累计折旧　22000

表5－9　　待摊费用（财产保险费）分配表

20×7年8月　　单位：元

会计科目	明细科目	费用项目	分配金额
制造费用	基本生产车间	保险费	1195
辅助生产成本	供电车间	保险费	800
	机修车间	保险费	600
管理费用		保险费	600
合计			3195

根据待摊费用分配表，编制摊销财产保险费的会计分录：

借：制造费用——基本生产车间　1195

　　生产成本——辅助生产成本——供电车间　800

　　　　　　　　　　　　　　——机修车间　600

　　管理费用——财产保险费　600

　贷：待摊费用——财产保险费　3195

（4）分配本月现金和银行存款支付费用。分配结果见表5－10。

表5－10　　　　其他费用分配表

20×7年8月　　　　单位：元

会计科目	明细科目	现金支付	银行存款支付	合计
制造费用	基本生产车间	315	7000	7315
辅助生产成本	供电车间	145	2300	2445
	机修车间	480	400	880
管理费用		1560	5000	6560
合计		2500	14700	17200

根据其他费用分配表，编制会计分录：

借：制造费用——基本生产车间　　7315

　　生产成本——辅助生产成本——供电车间　2445

　　　　　　　　　　　　　　——机修车间　880

　　管理费用——财产保险费　　6560

　贷：现金　　2500

　　　银行存款　14700

（5）根据各项要素费用分配表及编制的会计分录，登记有关基本生产成本明细账（见表5－11、表5－12）、辅助生产成本明细账（见表5－13、表5－14）和制造费用明细账（见表5－15）。

表5－11　　　　基本生产成本明细账（1）

产品名称：甲产品　　　　单位：元

20×7年		凭证字号	摘要	直接材料	直接人工	制造费用	合计
月	日						
7	31		月末在产品成本	164000	32470	3675	200145
8	31	略	材料费用分配表	826000			826000
	31		工资福利费分配表		319200		319200
	31		生产用电分配表	6120			6120
	31		制造费用分配表			37300	37300
	31		本月生产费用合计	832120	319200	37300	1188620
	31		本月累计	996120	351670	40975	1388765
	31		结转完工入库产品成本	830100	319700	37250	1187050
	31		月末在产品成本	166020	31970	3725	201715

表 5－12　　**基本生产成本明细账（2）**

产品名称：乙产品　　单位：元

20×7年 月	日	凭证字号	摘要	直接材料	直接人工	制造费用	合计
7	31		月末在产品成本	123740	16400	3350	143490
8	31	略	材料费用分配表	616000			616000
	31		工资福利费分配表		159600		159600
	31		生产用电分配表	3060			3060
	31		制造费用分配表			18650	18650
	31		本月生产费用合计	619060	159600	18650	797310
	31		本月累计	742800	176000	22000	940800
	31		结转完工入库产品成本	619000	160000	20000	799000
	31		月末在产品成本	123800	16000	2000	141800

表 5－13　　**辅助生产成本明细账（1）**

车间名称：供电车间　　单位：元

20×7年 月	日	凭证字号	摘要	直接材料	直接人工	制造费用	合计
8	31	略	材料费用分配表	1000			1000
	31		工资福利费分配表		9120		9120
	31		计提折旧费			2000	2000
	31		分摊财产保险费			800	800
	31		其他费用			2445	2445
	31		本月合计	1000	9120	5245	15365
	31		结转各受益部门	1000	9120	5245	15365

表 5－14　　**辅助生产成本明细账（2）**

车间名称：机修车间　　单位：元

20×7年 月	日	凭证字号	摘要	直接材料	直接人工	制造费用	合计
8	31	略	材料费用分配表	1200			1200
	31		工资及福利费分配表		7980		7980
	31		计提折旧费			4000	4000
	31		分摊财产保险费			600	600
	31		其他费用			880	880
	31		本月合计	1200	7980	5480	14660
	31		结转各受益部门	1200	7980	5480	14660

表 5－15 **制造费用明细账**（1）

车间名称：基本生产车间 单位：元

年		凭证字号	摘要	材料费	人工费	折旧费	修理费	水电费	保险费	其他	合计
月	日										
8	31	略	材料费用分配表	2100							2100
	31		工资及福利费分配表		22800						22800
	31		折旧费用计算表			10000					10000
	31		待摊费用分配表						1195		1195
	31		其他费用分配表							7315	7315
	31		辅助生产分配表				10500	2040			12540
	31		本月合计	2100	22800	10000	10500	2040	1195	7315	55950
	31		结转制造费用	2100	22800	10000	10500	2040	1195	7315	55950

3. 分配辅助生产费用

（1）根据各辅助生产车间制造费用明细账归集的制造费用总额，分别转入该车间辅助生产成本明细账。本例题供电和机修车间提供单一产品或服务，未单独设置制造费用明细账，车间发生的间接费用直接记入各车间辅助生产成本明细账。

（2）根据辅助生产成本明细账（见表 5－13、表 5－14）归集的待分配辅助生产费用和辅助生产车间本月劳务供应量，采用计划成本分配法分配辅助生产费用（见表 5－16），并据以登记有关生产成本明细账或成本计算单和有关费用明细账。

本月供电和机修车间提供的劳务量见表 5－17。

每度电的计划成本为 0.34 元，每小时机修费的计划成本为 3.50 元；成本差异全部由管理费用负担。按车间生产甲、乙两种产品的生产工时比例分配，其中，甲产品的生产工时为 100000 小时；乙产品的生产工时为 50000 小时。分配记入产品成本计算单中“直接材料”成本项目，分配结果见表 5－18。

表 5－16　　辅助生产费用分配表

20×7 年 8 月　　单位：元

受益部门	供电（单位成本 0.34 元）		机修（单位成本 3.50 元）	
	用电度数（度）	计划成本	机修工时（小时）	计划成本
供电车间			400	1400
机修车间	3000	1020		
基本生产车间	33000	11220	3000	10500
产品生产	27000	9180		
一般耗费	6000	2040	3000	10500
厂部管理部门	10000	3400	1100	3850
合计	46000	15640	4500	15750
实际成本		16765		15680
成本差异		1125		－70

注：供电车间实际成本＝15365＋1400＝16765（元）；机修车间实际成本＝14660＋1020＝15680（元）。

表 5－17　　供电和机修车间提供的劳务量表

受益部门	供电车间（度）	机修车间（小时）
供电车间		400
机修车间	3000	
基本生产车间	33000	3000
产品生产	27000	
一般耗费	6000	3000
厂部管理部门	10000	1100
合计	46000	4500

表 5－18　　产品生产用电分配表

20×7 年 8 月　　单位：元

产品	生产工时（小时）	分配率	分配金额
甲产品	100000		6120
乙产品	50000		3060
合计	150000	0.0612	9180

根据辅助生产费用分配表，编制会计分录。

(1) 结转辅助生产计划成本。

借：生产成本——辅助生产成本——供电车间　1400

——机修车间　1020

生产成本——基本生产成本——甲产品　6120

——乙产品　3060

制造费用——基本生产车间　12540

管理费用　7250

贷：生产成本——辅助生产成本——供电车间　15640

——机修车间　15750

(2) 结转辅助生产成本差异，为了简化成本计算工作，成本差异全部计入管理费用。

借：管理费用　1055

贷：生产成本——辅助生产成本——供电车间　1125

——机修车间　70

4. 分配制造费用

根据基本生产车间制造费用明细账（见表5－15）归集的制造费用总额，编制制造费用分配表，并登记基本生产成本明细账和有关成本计算单。

本例题按甲、乙两种产品的生产工时比例分配制造费用，分配结果见表5－19。

表5－19　　制造费用分配表（1）

车间名称：基本生产车间　　单位：元

产品	生产工时	分配率	分配金额
甲产品	100000		37300
乙产品	50000		18650
合计	150000	0.373	55950

根据制造费用分配表，编制会计分录：

借：生产成本——基本生产成本——甲产品　37300

——乙产品　18650

贷：制造费用——基本生产车间　55950

5. 在完工产品与在产品之间分配生产费用

根据各产品成本计算单归集的生产费用合计数和有关生产数量记录，在完工产品和月末在产品之间分配生产费用。

该企业本月甲产品完工入库500件，月末在产品100件；乙产品完工入库200件，月末在产品40件。按约当产量法分别计算甲、乙两种产品的完工产品成本和月末在产品成本，月末在产品约当产量计算情况见表5－20和表5－21。

表5－20　　在产品约当产量计算表（1）

产品名称：甲产品　　单位：件

成本项目	在产品数量	投料程度（加工程度）	约当产量
直接材料	100	100%	100
直接人工	100	50%	50
制造费用	100	50%	50

表5－21　　在产品约当产量计算表（2）

产品名称：乙产品　　单位：件

成本项目	在产品数量	投料程度（加工程度）	约当产量
直接材料	40	100%	40
直接人工	40	50%	20
制造费用	40	50%	20

根据甲、乙两种产品的月末在产品约当产量，采用约当产量法在甲、乙两种产品的完工产品与月末在产品之间分配生产费用。编制的产品成本计算单见表5－22、表5－23。

表5－22　　产品成本计算单（1）

产品名称：甲产品　　产成品：500件　　在产品：100件　　单位：元

摘要	直接材料	直接人工	制造费用	合计
月初在产品成本	164000	32470	3675	200145
本月发生生产费用	832120	319200	37300	1188620
生产费用合计	996120	351670	40975	1388765
完工产品数量	500	500	500	
在产品约当产量	100	50	50	
总约当产量	600	550	550	
分配率（单位成本）	1660.20	639.40	74.50	2374.10
完工产品总成本	830100	319700	37250	1187050
月末在产品成本	166020	31970	3725	201715

表 5－23　　　　产品成本计算单（2）

产品名称：乙产品　　产成品：200 件　　在产品：40 件　　单位：元

摘要	直接材料	直接人工	制造费用	合计
月初在产品成本	123740	16400	3350	143490
本月发生生产费用	619060	159600	18650	797310
生产费用合计	742800	176000	22000	940800
完工产品数量	200	200	200	
在产品约当产量	40	20	20	
总约当产量	240	220	220	
分配率（单位成本）	3095	800	100	
完工产品总成本	619000	160000	20000	799000
月末在产品成本	123800	16000	2000	141800

6. 编制完工产品成本汇总表

根据表 5－22、表 5－23 中的分配结果，编制完工产品成本汇总表（见表 5－24），并据以结转完工产品成本。

表 5－24　　　　完工产品成本汇总表

20×7 年 8 月　　　　单位：元

成本项目	甲产品（500 件）		乙产品（200 件）	
	总成本	单位成本	总成本	单位成本
直接材料	830100	1660.20	619000	3095
直接人工	319700	639.40	160000	800
制造费用	37250	74.50	20000	100
合计	1187050	2374.10	799000	3995

根据完工产品成本汇总表或成本计算单及成品入库单，结转完工入库产品的生产成本。编制会计分录：

借：库存商品——甲产品　1187050

　　　　　　——乙产品　799000

　贷：生产成本——基本生产成本——甲产品　1187050

　　　　　　　　　　　　　　　——乙产品　799000

任务三　产品成本计算的分批法

任务导入

某机械设备厂生产规模不大，每月根据客户的合同订单组织生产，产品的品种经常变动，每次批量不大。例如，2017 年 8 月与甲客户签订合同，甲客户订购 10 台机械设备，交货日期为 2017 年 9 月 18 日；2017 年 11 月与乙客户签订合同，乙客户订购 15 台机械设备，交货日期为 2017 年 12 月 18 日。请问：该机械设备厂适合采用什么方法计算该产品的生产成本？

任务知识

一、分批法的概念

分批法是按照产品批别归集生产费用、计算产品成本的一种方法。在小批单件生产的企业中，企业的生产活动基本上是根据订货单位的订单签发工作号来组织生产的，按产品批别计算产品成本，往往与按订单计算产品成本相一致，因而分批法也叫订单法。

二、分批法的特点和适用范围

1. 特点

（1）成本计算对象

分批法的成本计算对象是产品的批别。在单件小批生产类型的企业中，生产多是根据购货单位的订单组织的，因此，分批法也称订单法。但严格说来，按批别组织生产，并不一定就是按订单组织生产，还要结合企业自身的生产负荷能力，合理组织安排产品生产的批量与批次。比如说，如果一张订单中要求生产好几种产品，为了便于考核分析各种产品的成本计划执行情况，加强生产管理，就要将该订单按照产品的品种划分成几个批别组织生产。如果一张订单中只要求生产一种产品，但数量极大，超过企业的生产负荷能力，或者购货单位要求分批交货的，也可以将该订单分为几个批别组织生产。如果一张订单中只要求生产一种产品，但该产品属于价值高、生产周期长的大型复杂产品（如万吨轮），也可将该订单按产品的零部件分为几个批别组织生产。如果在同一时期接到的几张订单要求生产的都是同一种产品，则为了更经济合理地组织生产，也可将这几张订单合为一批组织生产。

（2）产品成本计算期与会计报告期不一致，与生产周期一致

采用分批法计算产品成本的企业，虽然各批产品的成本计算单仍按月归集生产费用，但是只有在该批产品全部完工时才能计算其实际成本。由于各批产品的生产复杂程度不同、质量数量要求也不同，生产周期就各不相同。有的批次当月投产，当月完工；有的批次要经过数月甚至数年才能完工。由此可见，完工产品的成本计算因各批次的生产周期而异，是不定期的。因此，分批法的成本计算期与产品的生产周期一致，与会计报告期不一致。

（3）生产费用一般不需要在完工产品和在产品之间分配

在单件或小批生产，购货单位要求一次交货的情况下，每批产品要求同时完工。这样该批产品完工前的成本明细账上所归集的生产费用，即在产品成本；完工后的成本明细账上所归集的生产费用，即完工产品成本。因此，在通常情况下，生产费用不需要在完工产品和在产品之间分配。

但是，如果产品批量较大，购货单位要求分次交货时，就会出现批内产品跨月陆续完工的情况，企业应采用适当的方法将生产费用在完工产品和月末在产品之间分配，采用的分配方法视批内产品跨月陆续完工数量占批量比例的大小而定。

2. 适用范围

分批法适用于单件、小批生产类型的企业，主要包括单件、小批生产的重型机械、船舶、精密工具、仪器等制造企业，以及不断更新产品种类的时装等制造企业。

新产品的试制、机器设备的修理作业，以及辅助生产的工具、器具、模具的制造等，亦可采用分批法计算成本。

三、分批法的核算程序

分批法的核算程序与品种法基本相同，不同之处在于品种法是按照产品品种设置基本生产成本明细账户，按产品的品种归集生产费用；而分批法是按照产品生产的批别或订单设置基本生产成本明细账户，按照生产的批别归集生产费用。

计算程序具体如下。

（1）按产品批别设置产品基本生产成本明细账、辅助生产成本明细账，账内按成本项目设置专栏。按车间设置制造费用明细账。同时，设置待摊费用、预提费用等明细账。

（2）根据各生产费用的原始凭证或原始凭证汇总表和其他有关资料，编制各种要

素费用分配表，分配各要素费用并登账。

对于直接计入费用，应按产品批别列示并直接计入各个批别的产品成本明细账；对于间接计入费用，应按生产地点归集并按适当的方法分配计入各个批别的产品成本明细账。

（3）月末根据完工批别产品的完工通知单，将计入已完工的该批产品的成本明细账所归集的生产费用，按成本项目加以汇总，计算出该批完工产品的总成本和单位成本并转账。如果出现批内产品跨月陆续完工并已销售或提货的情况，这时应采用适当的方法将生产费用在完工产品和月末在产品之间分配，计算出该批已完工产品的总成本和单位成本。

四、分批法的分类

分批法因其采用的间接计入费用的分配方法不同，可分为一般的分批法和简化的分批法。

（一）一般的分批法

采用当月分配率来分配间接计入费用的分批法被称为一般的分批法，也称分批计算在产品成本的分批法。

【例 5－2】一般分批法实训。

1. 企业的基本情况

海纳百川集团下属的东南公司设有一个基本生产车间，按生产任务通知单（工作令号）分批组织生产，属于小批生产组织类型的企业。根据其自身的生产特点和管理要求，采用一般分批法计算投产各批产品的生产成本。

2. 成本计算的有关资料

海纳百川集团下属的东南公司 20×7 年 9 月 1 日投产的甲产品 100 件，批号为 901#，在 9 月全部完工；9 月 10 日投产乙产品 150 件，批号 902#，当月完工 40 件；9 月 15 日投产丙产品 200 件，批号为 903#，尚未完工。

- 本月发生的各项费用如下：

（1）901#产品耗用原材料 125000 元，902#产品耗用原材料 167000 元，903#产品耗用原材料 226000 元，生产车间一般耗用原材料 8600 元。

（2）生产工人工资 19600 元，车间管理人员工资 2100 元。

（3）车间耗用外购的水电费 2400 元，以银行存款付讫。

（4）计提车间负担的固定资产折旧费 3800 元。

（5）车间负担的其他费用250元，以银行存款付讫。

• 其他有关资料：

（1）该企业的职工福利费按工资总额的14%计提。

（2）原材料采用计划成本计价，差异率为+4%。

（3）生产工人工资按耗用工时比例分配，其中，901#产品工时为18000小时，902#产品工时为20000小时，903#产品工时为11000小时。

（4）制造费用也按耗用工时比例进行分配。

（5）902#产品完工40件按定额成本转出，902#产品定额单位成本：直接材料1100元，直接人工75元，制造费用60元。

【解析】

1. 设置成本计算单

在成本计算的分批法下，成本计算单应按产品的投产批别分别设置。

2. 分配各项费用要素

根据资料，编制费用分配表来分配各费用要素，并编制会计分录。

（1）编制原材料费用分配表，见表5－25。

表5－25　原材料费用分配表

20×7年9月　　单位：元

应借账户		成本或费用项目	计划成本	材料差异额	材料实际成本
基本生产成本	901#产品	直接材料	125000	5000	130000
	902#产品	直接材料	167000	6680	173680
	903#产品	直接材料	226000	9040	235040
小计			518000	20720	538720
制造费用	机物料消耗	材料费	8600	344	8944
合计			526600	21064	547664

根据原材料费用分配表，编制会计分录：

借：生产成本——基本生产成本——901#产品　125000

——902#产品　167000

——903#产品　226000

制造费用——基本生产车间　8600

贷：原材料　526600

借：生产成本——基本生产成本——901#产品 5000

——902#产品 6680

——903#产品 9040

制造费用——基本生产车间 344

贷：材料成本差异 21064

（2）编制工资及职工福利费分配表，见表5－26。

表5－26 **工资及职工福利费分配表**

20×7年9月 单位：元

应借账户		工资				职工福利费（14%）	合计
		生产工人		其他人员	合计		
		工时	分配金额（分配率：0.40）				
基本生产成本	901#产品	18000	7200		7200	1008	8208
	902#产品	20000	8000		8000	1120	9120
	903#产品	11000	4400		4400	616	5016
	小计	49000	19600		19600	2744	22344
制造费用				2100	2100	294	2394
合计			19600	2100	21700	3038	24738

根据工资及职工福利费分配表，编制会计分录：

借：生产成本——基本生产成本——901#产品 7200

——902#产品 8000

——903#产品 4400

制造费用——基本生产车间 2100

贷：应付工资 21700

借：生产成本——基本生产成本——901#产品 1008

——902#产品 1120

——903#产品 616

制造费用——基本生产车间 294

贷：应付福利费 3038

（3）折旧费、水电费及其他费用的核算

①支付本月的水电费：

借：制造费用——基本生产车间　2400

　贷：银行存款　2400

②提取固定资产折旧费：

借：制造费用——基本生产车间　3800

　贷：累计折旧　3800

③本月发生的其他费用：

借：制造费用——基本生产车间　250

　贷：银行存款　250

3. 归集和分配基本生产车间的制造费用（见表5－27、表5－28）

表5－27　　**制造费用明细账（2）**

车间名称：基本生产车间　　单位：元

20×7年		摘要	材料费	工资	福利费	水电费	折旧费	其他	合计
月	日								
9	30	消耗材料	8600						8600
	30	结转成本差异	344						344
	30	结算工资		2100					2100
	30	计提福利费			294				294
	30	支付水电费				2400			2400
	30	计提折旧					3800		3800
	30	其他费用						250	250
	30	本月合计	8944	2100	294	2400	3800	250	17788
	30	分配转出	8944	2100	294	2400	3800	250	17788

表5－28　　**制造费用分配表（2）**

20×7年9月　　单位：元

应借账户		成本项目	实用工时	分配率	应分配金额
基本生产成本	901#产品	制造费用	18000		6534
	902#产品	制造费用	20000		7260
	903#产品	制造费用	11000		3994
合计			49000	0.3630	17788

根据制造费用分配表，编制会计分录：

借：生产成本——基本生产成本——901#产品　6534

——902#产品　7260

——903#产品　3994

贷：制造费用——基本生产车间　17788

4. 计算并结转完工产品成本（见表5－29至表5－31）

表5－29　　**基本生产成本明细账（3）**

批号：901#　　开工日期：9月1日

产品名称：甲产品　　批量：100件　　完工：100件　　完工日期：9月30日

20×7年		凭证		摘要	直接材料（元）	直接人工（元）	制造费用（元）	合计（元）
月	日	种类	号数					
9	30			材料分配表	130000			130000
	30			工资福利分配表		8208		8208
	30		略	制造费用分配表			6534	6534
	30			合计	130000	8208	6534	144742
	30			结转完工产品成本	130000	8208	6534	144742
	30			单位成本	1300	82.08	65.34	1447.42

表5－30　　**基本生产成本明细账（4）**

批号：902#　　开工日期：9月10日

产品名称：乙产品　　批量：150件　　完工：40件　　完工日期：

20×7年		凭证		摘要	直接材料（元）	直接人工（元）	制造费用（元）	合计（元）
月	日	种类	号数					
9	30			材料分配表	173680			173680
	30			工资福利分配表		9120		9120
	30		略	制造费用分配表			7260	7260
	30			合计	173680	9120	7260	190060
	30			结转完工产品成本	44000	3000	2400	49400
	30			月末在产品成本	129680	6120	4860	140660

注：完工产品成本采用定额成本法计算，其中：直接材料40×1100＝44000（元）；直接人工40×75＝3000（元）；制造费用40×60＝2400（元）。

根据成本计算单编制结转901#、902#完工产品成本的会计分录：

借：库存商品——901#产品　144742

——902#产品　49400

贷：生产成本——基本生产成本——901#产品　144742

——902#产品　49400

表 5-31　　**基本生产成本明细账（5）**

批号：903#　　开工日期：9 月 15 日

产品名称：丙产品　　批量：200 件　　完工：　　完工日期：

20×7 年		凭证		摘要	直接材料（元）	直接人工（元）	制造费用（元）	合计（元）
月	日	种类	号数					
9	30			材料分配表	235040			235040
	30			工资福利分配表		5016		5016
	30			制造费用分配表			3994	3994
	30			合计	235040	5016	3994	244050

（二）简化的分批法

采用累计分配率来分配间接计入费用的分批法被称为简化的分批法，也称不分批计算在产品成本的分批法，它是一般的分批法的简化形式。

1. 简化分批法的概念

每月发生的间接计入费用，先将其记在基本生产成本二级账中，按成本项目分别累计起来，只有在有产品完工的那个月份，才对完工产品按照其累计工时的比例分配间接计入费用，计算完工产品成本；而全部在产品应负担的间接计入费用，则以总数反映在基本成本二级账中，不进行分配，不分批计算。简化分批法是一种常见的分批法。

2. 适用范围

有些小批单件生产的企业或车间，订单多、生产周期长，而实际每月完工的订单并不多。在这种情况下，如果采用当月分配法分配各项费用，即将当月发生的各项生产费用全部分配给各批产品，而不论各批产品完工与否，这样，由于产品批次众多，费用分配的核算工作量将非常繁重。因此，为了简化核算，这类企业或车间可采用简化分批法。

3. 特点

与一般分批法相比较，简化分批法具有以下特点：

（1）需设立基本生产成本二级账，按成本项目汇总登记各批别产品当月发生和累计发生的生产费用、生产工时，分配完工产品的间接计入费用，核算完工产品总成本和在产品总成本。

（2）仍应按产品批别设立基本生产成本明细账，与基本生产成本二级账平行登记。

但是，在各批产品完工之前，该基本生产成本明细账只需登记直接材料费用和生产工时，不分配间接计入费用。只有在月末存在完工产品的情况下，才进行完工产品间接计入费用的分配，核算完工产品总成本和单位成本。

（3）在完工之前，各批产品每月发生的间接计入费用无须按月在各批产品之间分配登记，而是先累计登记，待产品完工时才进行间接计入费用的分配登记。因此，全部产品的在产品成本只是以总数反映在基本生产成本明细账中，并不分批计算在产品成本。此法又可称为不分批计算在产品成本的分批法。

综上所述，简化分批法之所以能简化产品成本的核算工作，主要是因为它能通过累计间接费用分配率将在各批产品之间分配间接计入费用的工作，以及在完工产品和月末在产品之间分配费用的工作合并在一起进行。也就是说，生产费用的横向分配工作和纵向分配工作，在产品完工时是依据同一费用分配率一次性完成的，这大大简化了生产费用的分配和登记工作。月末完工产品的批别越多，其核算工作就越简化。

4. 简化分批法的核算程序

（1）按产品批别设立产品成本明细账

采用简化分批法计算成本时，仍需按产品批别设置产品成本明细账，但在这种产品成本明细账当中只登记直接计入的费用和发生的生产工时。

（2）必须设置基本生产成本的二级账

在基本生产成本二级账中登记全部各批产品发生的生产总工时、直接计入的费用、间接计入的费用等资料。

（3）如果某批号有完工产品时，应分成本项目地计算间接费用的累计分配率

全部产品累计间接费用分配率 = 全部产品累计间接费用/全部产品累计工时

（4）分成本项目计算完工批别产品应分配的间接费用，并计入完工批别产品成本计算单

某批完工产品应负担的间接费用 = 该批完工产品累计工时 × 累计间接费用分配率

【例 5－3】简化分批法案例。

【资料】某工业企业生产组织属于小批生产，产品批数多，而且月末有许多批号未完工，因而采用简化的分批法来计算产品成本。

（1）9 月生产批号如下：

9420 号：甲产品 5 件，8 月投产，9 月 20 日全部完工。

9421 号：乙产品 10 件，8 月投产，9 月完工 6 件。

9422 号：丙产品 5 件，8 月末投产，尚未完工。

9423 号：丁产品 6 件，9 月初投产，尚未完工。

（2）各批号 9 月末累计原材料费用（原材料在生产开始时一次投入）和工时：

9420 号：原材料费用 18000 元，工时 9020 小时。

9421 号：原材料费用 24000 元，工时 21500 小时。

9422 号：原材料费用 15800 元，工时 8300 小时。

9423 号：原材料费用 11080 元，工时 8220 小时。

（3）9 月末，该厂全部产品累计原材料费用 68880 元，工时 47040 小时，工资及福利费 18816 元，制造费用 28224 元。

（4）9 月末，完工产品工时 23020 小时，其中，乙产品 14000 小时。

【要求】

（1）根据上列资料，登记基本生产成本二级账和各批产品成本明细账。

（2）计算和登记累计间接费用分配率。

（3）计算各批完工产品成本。

【解析】略。

任务四　产品成本计算的分步法

任务导入

大学生小李在一家饮料公司实习，他了解到该公司饮料的生产过程如下：第一步，生产糖浆；第二步，将糖浆与碳酸水混合制成可罐装的液体，在该步骤中，糖浆和碳酸水的成本是直接材料成本；第三步，将可乐液体装入空瓶，该步骤中的直接成本是人工成本；第四步，空瓶加盖儿，将已包装好的饮料包装成箱，然后整个生产流程完成。请你思考，应该采用何种方法计算该产品的成本？

任务知识

一、分步法的概念和适用范围

分步法是“产品成本计算分步法”的简称，是以产品生产步骤和产品品种为成本计算对象来归集和分配生产费用，计算产品成本的一种方法。

该方法适用于连续、大量、多步骤生产的工业企业，如冶金、水泥、纺织、酿酒、砖瓦等企业。这些企业，从原材料投入到产品完工，要经过若干连续的生产步骤，除最后一个步骤生产的是产成品外，其他步骤生产的都是完工程度不同的半成品。这些半成品，除少数有可能出售外，都是下一步骤加工的对象。因此，公司应按步骤、按产品品种设置产品成本明细账，分成本项目归集生产费用。

二、分步法的特点

1. 以各种产品生产步骤为成本计算对象设置成本明细账

分步法成本计算对象是各个加工步骤的各种或各类产品，也就是说，该种方法是以产品的生产步骤和产品品种作为成本计算对象的。成本明细账按每个加工步骤的各种或各类产品设置。如果只生产一种产品，则成本计算对象就是该种产成品及其所经过的各个生产步骤，产品成本明细账应该按照产品的生产步骤设置。如果生产多种产品，成本计算对象则应是各种产品及其所经过的各个生产步骤。产品成本明细账应该按照各种产品的各个步骤设置。

在实际工作中，产品成本计算的分步与产品实际的生产步骤的划分并不一定完全一致，计算产品成本时，可以只对管理上有必要分步计算成本的生产步骤单独设立产品成本明细账，单独计算成本；管理上不要求单独计算成本的生产步骤，则可以与其他生产步骤合并设立产品成本明细账，合并计算成本。

2. 计算产品成本一般是按月定期进行

在大量、大批生产的企业，原材料连续投入，产品连续不断地转移到下一生产步骤，生产过程中始终有一定数量的在产品，成本计算一般在月末进行。因此，成本计算是定期的，成本计算期与产品的生产周期不一致，但与报告期一致。

3. 生产费用需要在完工产品与在产品之间分配

在大量、大批的多步骤生产中，由于生产过程较长，而且往往都是跨月陆续完工，在月终计算成本时各步骤都有在产品，因此，要将生产费用采用适当的方法，在完工产品与在产品之间进行分配。

4. 各步骤之间的成本需要结转

因为产品生产分步进行，上一步骤生产的半成品是下一步骤的加工对象，所以为了计算各种产品的产成品成本，还需要按照产品的品种结转各步骤成本。也就是说，与其他成本计算方法不同的是，在采用分步法计算产品成本时，在各个步骤之间还有个成本结转问题，这是分步法的一个重要特点。

三、分步法的分类

按产品成本结转方式的不同，分步法又可细分为逐步结转分步法和平行结转分步法（见图5－4）。

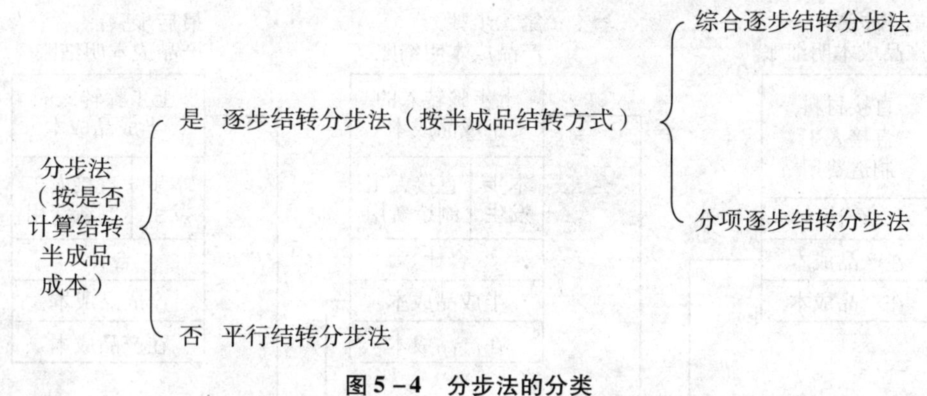

图 5－4　分步法的分类

四、逐步结转分步法

1. 逐步结转分步法的含义

逐步结转分步法是指按产品加工步骤的先后顺序，逐步计算并结转半成品的成本，前一步骤的半成品成本，随着半成品实物的转移而结转到后一生产步骤的产品成本中，直到最后步骤累计计算出产成品成本的一种计算方法。

2. 逐步结转分步法成本计算的程序

采用逐步结转分步法计算产品成本，先计算第一步骤半成品成本，结转给下一步骤或入库；然后将第二步骤耗用的第一步骤半成品成本加上本步骤发生的费用，从而计算出第二步骤半成品成本；以此类推，直到最后一个步骤计算出完工产成品成本。因为半成品由上一步骤移交下一步骤有直接移交和先入半成品库再领用两种方法，所以成本计算程序也有两种方法，如图 5－5、图 5－6 所示。

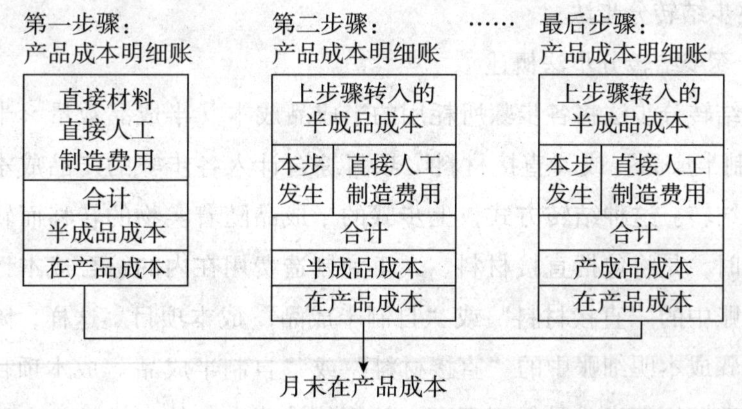

图 5－5　逐步结转分步法直接移交方式

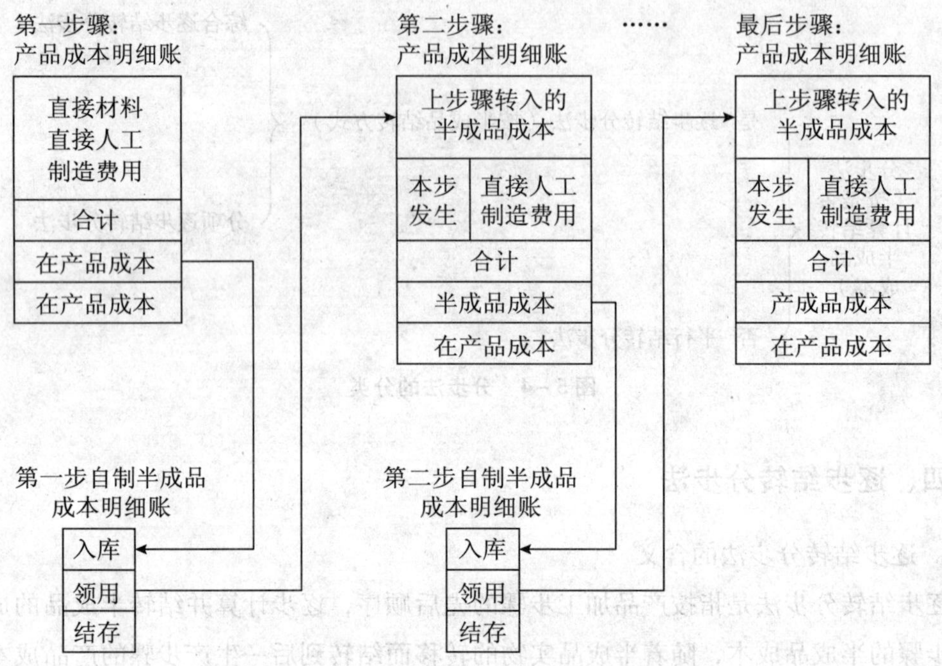

图 5－6　逐步结转分步法先入库后领用方式

以上各步骤生产费用的归集和分配，以及成本计算的一般程序，与品种法基本相同。

五、逐步结转分步法的种类

逐步结转分步法按照半成品的结转方法，可分为综合逐步结转分步法和分项逐步结转分步法。

1. 综合逐步结转分步法

（1）综合逐步结转分步法概述

综合逐步结转分步法将各步骤所耗用的半成品成本（半成品数量 × 半成品单位成本），以“自制半成品”或“直接材料”项目综合计入各步骤的产品成本明细账，而不按成本项目结转。这种结转方式，上步骤的半成品随着实物的转移而转到下一步骤半成品明细账时，是将包括直接材料、人工和制造费用在内的综合成本计入下一步骤产品成本明细账中的“直接材料”或“自制半成品”成本项目。这样，除了第一步骤外，其余各步骤成本明细账中的“直接材料”或“自制半成品”成本项目中均包括了直接人工和制造费用等半成品加工费用，从而使计算出来的产成品成本不能提供按原始成本项目反映的成本资料，不利于考核和分析产品成本的构成和水平，为满足成本管理的需要，应将产成品成本进行还原。

（2）综合逐步结转分步法的成本还原

成本还原是将完工产成品成本中的“自制半成品”或“直接材料”项目的综合成本分解为原始的成本项目。成本还原通常采用的方法是“倒推法”（逆还原法），即从最后一个生产步骤起，将本步骤本月所产完工产成品耗用的上步骤半成品的综合成本，按照上步骤本月所生产的半成品的成本结构分解为上步骤的成本项目；上步骤再进行还原，如此逐步还原成直接材料、直接人工和制造费用等原始成本项目；将还原后的各项目的成本加上还原前的产成品成本中其他各个项目的成本，就是还原后的产成品成本，计算公式如下：

$$成本还原率=\frac{本月完工产成品所耗用上一步骤半成品费用}{本月所产该种半成品成本合计}\times 100\%$$

本步骤耗用上步骤“自制半成品”，其成本项目还原数计算公式如下：

某步骤成本项目还原数＝上步骤本月所产半成品成本中该成本项目金额×该步骤成本还原率

若企业的产成品经过三个步骤连续加工完成，如果采用综合逐步结转分步法，就必须进行二次成本还原，其步骤如下：

第一，将第三步骤完工产成品耗用的第二步骤半成品成本，按第二步骤本月所产半成品的成本结构还原为第二步骤的成本项目，即第一步的半成品成本和第二步发生的直接人工、制造费用，后两项为原始成本项目。

第二，将产成品成本中所含的第一步骤的半成品成本，按第一步骤本月所产半成品的成本结构还原为第一步骤的成本项目，即直接材料和第一步的直接人工、制造费用（三项均为原始成本项目），然后将还原后的各项成本加上还原前的产成品成本中的直接人工、制造费用，求得还原后的产成品成本，其具体计算过程如下：

①第一次成本还原率的计算：

$$第一次成本还原率=\frac{本月完工产成品成本中所含的第二步半成品成本}{第二步本月所产完工半成品成本}\times 100\%$$

②第一次成本还原金额的计算：

第二步本月所产半成品成本中的直接材料（或自制半成品）×第一次成本还原率＝完工产成品成本中所含的第一步半成品成本

第二步本月所产半成品成本中的直接人工×第一次成本还原率＝本月完工产成品成本中所含的第二步发生的直接人工

第二步本月所产半成品成本中的制造费用×第一次成本还原率＝本月完工产成品成本中所含的第二步发生的制造费用

③第二次成本还原率的计算：

$$第二次成本还原率=\frac{本月完工产成品成本中所含的第一步半成品成本}{第一步本月所产完工半成品成本}\times 100\%$$

④第二次成本还原金额的计算：

第一步本月所产半成品成本中的直接材料×第二次成本还原率=
本月完工产成品成本中所含的直接材料

第一步本月所产半成品成本中的直接人工×第二次成本还原率=
本月完工产成品成本中所含的第一步发生的直接人工

第一步本月所产半成品成本中的制造费用×第二次成本还原率=
本月完工产成品成本中所含的第一步发生的制造费用

按上述方法进行成本还原，有时要进行两次或两次以上成本还原计算，工作量较大。因此，在各项定额比较健全的企业，为了减轻工作量，也可以按定额成本或计划成本进行成本还原，即将本月完工产成品成本合计数乘以产成品单位定额成本中各个成本项目所占的比例，求得还原后的产成品总成本和单位成本。

（3）综合逐步结转分步法应用举例

【例5－4】某企业甲产品生产分三个步骤，分别由三个车间进行，原材料为生产开始时一次投入。月末在产品按约当产量法计算。半成品不经过半成品库，直接转入下一步骤继续加工，半成品成本按实际成本结转。各车间在产品完工程度均为50%。相关资料见表5－32、表5－33。

表5－32　　某企业产量资料　　单位：件

项目	第一步骤	第二步骤	第三步骤
月初在产品数量	200	100	80
本月投产数量	1800	1600	1400
本月完工产品数量	1600	1400	1200
月末在产品数量	400	300	280

表5－33　　某企业生产费用资料　　单位：元

成本项目	月初在产品成本			本月发生费用		
	第一步骤	第二步骤	第三步骤	第一步骤	第二步骤	第三步骤
直接材料	405000	138000	14000	1850000	—	—
燃料及动力	30000	53000	37400	1500000	1900000	1450000
直接人工	104000	211500	98400	2200000	6500000	3600000
制造费用	176000	233000	181400	3100000	4200000	6800000
合计	715000	635500	331200	8650000	12600000	11850000

【解析】

表 5－34　　**某企业一车间基本生产成本明细账**

车间名称：一车间　　单位：元

摘要	直接材料	燃料及动力	直接人工	制造费用	合计
月初在产品成本	405000	30000	104000	176000	715000
本月发生费用	1850000	1500000	2200000	3100000	8650000
合计	2255000	1530000	2304000	3276000	9365000
约当总产量	2000	1800	1800	1800	—
单位成本	1127.5	850	1280	1820	5077.5
转出半成品成本	1804000	1360000	2048000	2912000	8124000
月末在产品成本	451000	170000	256000	364000	1241000

①第一步骤：

直接材料：（405000＋1850000）÷2000×1600＝1804000（元）

燃料及动力：（30000＋1500000）÷1800×1600＝1360000（元）

直接人工：（104000＋2200000）÷1800×1600＝2048000（元）

制造费用：（176000＋3100000）÷1800×1600＝2912000（元）

以上四项合计（即完工产品成本）＝8124000（元）

结转半成品：

借：生产成本——基本生产成本——二车间　8124000

　　贷：生产成本——基本生产成本——车间　8124000

表 5－35　　**某企业二车间基本生产成本明细账**

车间名称：二车间　　单位：元

项目	直接材料	燃料及动力	直接人工	制造费用	合计
月初在产品成本	138000	53000	211500	233000	635500
本月发生费用	8124000	1900000	6500000	4200000	20724000
合计	8262000	1953000	6711500	4433000	21359500
约当总产量	1700	1550	1550	1550	—
单位成本	4860	1260	4330	2860	13310
转出半成品成本	6804000	1764000	6062000	4004000	18634000
月末在产品成本	1458000	189000	649500	429000	2725500

②第二步骤：

当本步骤投产量与上步骤完工量不同时，应先计算单位成本再按本月投产量具体计算。

直接材料：（138000 + 8124000） ÷ 1700 × 1400 = 6804000（元）

燃料及动力：（53000 + 1900000） ÷ 1550 × 1400 = 1764000（元）

直接人工：（211500 + 6500000） ÷ 1550 × 1400 = 6062000（元）

制造费用：（233000 + 4200000） ÷ 1550 × 1400 = 4004000（元）

以上四项合计（即完工产品成本） = 18634000（元）

结转半成品：

借：生产成本——基本生产成本——三车间　18634000

　贷：生产成本——基本生产成本——二车间　18634000

表 5－36　　某企业三车间基本生产成本明细账

车间名称：三车间　　单位：元

项目	直接材料	燃料及动力	直接人工	制造费用	合计
月初在产品成本	14000	37400	98400	181400	331200
本月发生费用	18634000	1450000	3600000	6800000	30484000
合计	18648000	1487400	3698400	6981400	30815200
约当总产量	1480	1340	1340	1340	—
单位成本	12600	1110	2760	5210	21680
结转完工产品成本	15120000	1332000	3312000	6252000	26016000
月末在产品成本	3528000	155400	386400	729400	4799200

③第三步骤：

当本步骤投产量与上步骤完工量不同时，应先计算单位成本，再按本月投产量具体计算。

直接材料：（14000 + 18634000） ÷ 1480 × 1200 = 15120000（元）

燃料及动力：（37400 + 1450000） ÷ 1340 × 1200 = 1332000（元）

直接人工：（98400 + 3600000） ÷ 1340 × 1200 = 3312000（元）

制造费用：（181400 + 6800000） ÷ 1340 × 1200 = 6252000（元）

以上四项合计（即最终完工产品成本） = 26016000（元）

结转完工产品成品：

借：库存商品　26016000

　贷：生产成本——基本生产成本——三车间　26016000

具体如图 5－7 所示。

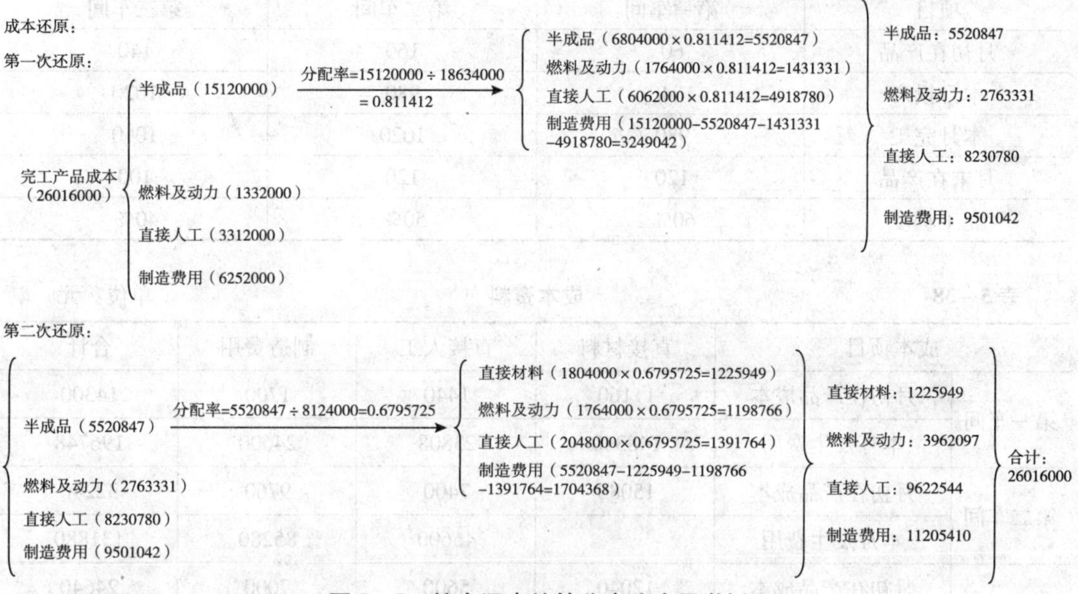

图 5－7　综合逐步结转分步法应用举例

2. 分项逐步结转分步法

（1）分项逐步结转分步法

分项逐步结转分步法是将各生产步骤所耗用的自制半成品成本，分别按照成本项目从上步骤转入该步骤产品成本明细账中的各相应的成本项目。采用分项目结转，可以直接了解各步骤产成品和完工产品的成本构成情况，不必进行成本还原。但当加工步骤较多时，计算工作量较大，尤其是当半成品先入库后领用时，自制半成品明细账也需要分成本项目进行设置。采用加权平均法计算发出半成品成本时，还需要将各批入库的半成品分成本项目加权平均，从而更是增加了计算工作量。因此，分项逐步结转分步法在实际工作中企业较少采用。

在采用分项逐步结转分步法计算产品成本时，如果采用约当产量法计算在产品成本，在成本计算中每个项目都应分为上步骤转入和本步骤发生，各步对上步转入的费用，不论完工产品和在产品，都按 100% 负担费用，不存在用约当产量进行计算的问题；而对本步骤发生的费用，按约当产量计算在产品成本。

（2）分项逐步结转分步法应用举例

【例 5－5】某企业有三个基本生产车间，大量生产乙产品，其生产过程：原材料在第一车间一次性投入，并将原材料加工成 A 半成品；第二车间将 A 半成品加工成 B 半成品；第三车间将 B 半成品加工成乙产品。各车间没有半成品库存。200 × 年 6 月各车间的产量记录和成本资料见表 5－37 和表 5－38。

表 5-37　　产量记录　　单位：件

项目	第一车间	第二车间	第三车间
月初在产品	60	160	140
本月投产	1040	980	1020
本月完工	980	1020	1060
月末在产品	120	120	100
完工程度	60%	50%	40%

表 5-38　　成本资料　　单位：元

成本项目		直接材料	直接人工	制造费用	合计
第一车间	月初在产品成本	11160	1440	1700	14300
	本月发生费用	148340	23808	24600	196748
第二车间	月初在产品成本	15080	7400	9760	32240
	本月发生费用		46600	85280	131880
第三车间	月初在产品成本	12040	5600	7000	24640
	本月发生费用		24100	24900	49000

【解析】

企业本月发生生产费用已经归集在各车间基本生产成本明细账上，各车间基本生产成本明细账如表 5-39、表 5-40、表 5-41 所示。

表 5-39　　第一车间基本生产成本明细账

车间名称：第一车间　　完工产量：980 件

产品名称：A 半成品　　200×年 6 月　　金额单位：元

项目	直接材料	直接人工	制造费用	合计
月初在产品成本	11160	1440	1700	14300
本月生产费用	148340	23808	24600	196748
合计	159500	25248	26300	211048
单位产品成本	145	24	25	194
完工半成品成本	142100	23520	24500	190120
月末在产品成本	17400	1728	1800	20928

第一车间基本生产单位成本计算：

直接材料 = 159500 ÷（980 + 120）= 145（元）

直接人工 = 25248 ÷（980 + 120 × 60%）= 24（元）

制造费用 = 11210 ÷（240 + 120 × 60%）= 36（元）

表 5－40　　第二车间基本生产成本明细账

车间名称：第二车间　　完工产量：1020 件

产品名称：B 半成品　　200×年 6 月　　金额单位：元

项目	直接材料	直接人工	制造费用	合计
月初在产品成本	15080	7400	9760	32240
上步骤转入费用	142100	23520	24500	190120
本月生产费用		46600	85280	131880
合计	157180	77520	119540	354240
单位产品成本	137.88	71.78	110.69	255.53
完工半成品成本	140637.6	73215.6	112903.8	326757
月末在产品成本	16542.4	4304.4	6636.2	27483

第二车间基本生产单位成本计算：

直接材料＝157180÷（1020＋120）＝137.88（元）

直接人工＝77520÷（1020＋120×50%）＝71.78（元）

制造费用＝119540÷（1020＋120×50%）＝110.69（元）

表 5－41　　第三车间基本生产成本明细账

车间名称：第三车间　　完工产量：1060 件

产品名称：乙产品　　200×年 6 月　　金额单位：元

项目	直接材料	直接人工	制造费用	合计
月初在产品成本	12040	5600	7000	24640
上步骤转入费用	140637.6	73215.6	112903.8	326757
本月生产费用		24100	24900	49000
合计	152677.6	102915.6	144803.8	400397
单位产品成本	131.62	93.56	131.64	356.82
完工半成品成本	139517.2	99173.6	139538.4	378229.2
月末在产品成本	13160.4	3742	5265.4	22167.8

第三车间基本生产单位成本的计算：

直接材料＝152677.6÷（1060＋100）＝131.62（元）

直接人工＝102915.6÷（1060＋100×40%）＝93.56（元）

制造费用＝144803.8÷（1060＋100×40%）＝131.64（元）

六、平行结转分步法

1. 平行结转分步法的概念

平行结转分步法也称不计算半成品成本法，它是各步骤不计算半成品成本，而只归集各步骤本身所发生的费用及各步骤应计入产成品成本的份额，将各步骤应计入产成品成本的份额平行加以汇总，即可计算出完工产品成本的一种方法。平行结转分步法主要在半成品种类较多而又很少对外销售的企业采用。平行结转分步法的成本计算对象，是每种产成品成本及所经过的各生产步骤应计入产成品成本的份额。在计算产品成本时，各生产步骤只归集本步骤所发生的费用，上一步骤的半成品转入下一步骤继续加工时，虽实物转入，但半成品成本并不予以结转；月末，各步骤将本步骤发生的费用分成应计入产成品成本的份额和月末在产品成本；企业将各步骤应计入产成品成本的份额平行加以汇总，即可计算出产成品的成本。

2. 平行结转分步法的成本计算程序

采用平行结转分步法计算产品成本时，成本计算的具体程序如下。

（1）按每种产品的品种及其所经过的生产步骤设置产品成本计算单，归集生产费用。

（2）按每种产品和它所经过的生产步骤归集生产费用，计算出每一步骤所发生的生产费用总额。

（3）采用一定的方法计算每一生产步骤应计入产成品成本的份额。在计算各步骤应计入产成品成本的份额时，需将各步骤成本计算单上的生产费用采用一定的方法在完工产品和在产品之间进行分配。这里所指的完工产品，是指最后步骤完工的产成品；在产品，是指广义在产品。因为在平行结转分步法下，上一步骤半成品的实物转入下一步骤时，半成品的成本并不转入下一步骤，所以在计算分配各步骤发生的费用时，凡各步骤已转出但尚未制成产成品的半成品，其费用仍保留在原来的成本计算单中。因此，各步骤的在产品是广义在产品，它不但包括本步骤尚未完工的在产品，而且包括本步骤加工完成转入下一步骤或半成品库的尚未制成产成品的产品。所要分配的费用只是本步骤发生的费用，不包括上一步骤转入的半成品的成本。

（4）将各生产步骤中应计入产成品成本的份额平行地加以汇总，就可计算出每种产成品的成本。

（5）将各步骤产品成本计算单上归集的生产费用，扣除应计入产成品成本中的份额，其余额就是在产品成本。

在采用平行结转分步法计算产品成本时，若在产品成本按约当产量法计算，则各步骤应计入产成品成本中的份额按下式计算：

某步骤应计入产成品成本中的份额 = 产成品数量 × 单位产成品耗用该步骤半成品数量 × 该步骤半成品单位成本

$$某步骤半成品单位成本 = \frac{该步骤月初在产品成本 + 该步骤本月发生的生产费用}{该步骤完工产品数量（约当产量）}$$

上式中，各步骤完工产品数量（约当产量）是由三部分组成的，即本月完工产成品数量、各步骤月末尚未完工的在产品数量，以及本步骤已经加工完成转到半成品库和以后各步骤尚未制成产成品的半成品数量。其计算公式如下：

某步骤完工产品数量（约当产量） = 本月完工产成品数量 + 该步骤月末在产品约当产量 + 该步骤已完工留存在半成品库和以后各步骤月末半成品数量

或 = 该步骤已完工留存在半成品库和以后步骤的月初半成品数量 + 本月完工半成品数量 + 该步骤加工中月末在产品的约当产量

采用平行结转分步法计算产品成本，因为各步骤不计算所耗上一步骤半成品的成本，只计算本步骤所发生的费用应计入产成品成本中的份额，所以将这一份额平行汇总，企业即可计算出产成品成本。因此，各生产步骤月末可以同时进行成本计算，不必等待上一步骤半成品成本的结转，从而加快了成本计算工作的速度，缩短了成本计算的时间；同时，采用平行结转分步法，能直接提供按原始成本项目反映的产品成本的构成，有助于进行成本分析和成本考核。但采用平行结转分步法时，半成品成本的结转同其实物结转相脱节，各步骤月末在产品成本不但包括本步骤正在加工中的在产品，而且包括转入下一步骤但尚未最后制成产成品的那些半成品在本步骤发生的费用。这样，各步骤成本计算单上的月末在产品成本与实际结存在该步骤的在产品成本就不一致，因而不利于加强对生产资金的管理。因此，平行结转分步法一般适用于不需提供各步骤半成品成本资料的企业采用。

3. 平行结转分步法的例题

【例5－6】某企业生产甲产品，分第一车间和第二车间进行生产，采用平行结转分步法计算产品成本。直接材料于生产开始时一次性投入，各步骤月末在产品完工程度均为40%，生产费用在完工产品与在产品之间的分配采用约当产量法。相关资料见表5－42至表5－45。

表5－42　　各车间产量记录　　单位：件

项目	第一车间	第二车间
月初在产品	80	20
本月投入	400	440
本月完工	440	400
月末在产品	40	60

表 5-43　　第一车间成本计算单　　金额单位：元

项目	直接材料	直接人工	制造费用	合计
月初在产品成本	2800	580	1008	4388
本月发生费用	8000	1800	2800	12600
合计	10800	2380	3808	16988
约当产量				
单位成本				
计入产成品成本份额				
月末在产品成本				

表 5-44　　第二车间成本计算单　　金额单位：元

项目	直接材料	直接人工	制造费用	合计
月初在产品成本	—	4160	1520	5680
本月发生费用	—	12800	11200	24000
合计		16960	12720	29680
约当产量				
单位成本				
计入产成品成本份额	—			
月末在产品成本	—			

表 5-45　　产品成本汇总计算表　　金额单位：元

项目	直接材料	直接人工	制造费用	合计
第一车间				
第二车间				
合计				

要求：

（1）计算第一车间的约当总产量（按直接材料、直接人工、制造费用分别计算），并把表 5-43 填写完整。

（2）计算第二车间的约当总产量，并把表 5-44 填写完整。

（3）把表 5-45 填写完整，并计算单位产品成本。

【解析】

（1）第一车间的在产品约当产量计算

直接材料：在产品约当产量 $=40\times100\%+60=100$（件）

直接人工：在产品约当产量 =40 ×40% +60 =76（件）

制造费用：在产品约当产量 =40 ×40% +60 =76（件）

因为企业最后完工的产品（400 件）耗用第一车间的完工产品 400 件，所以计算第一车间的约当总产量时还应该加上企业最后完工的产品数量 400 件，即：

直接材料：约当总产量 =400 +100 =500（件）

直接人工：约当总产量 =400 +76 =476（件）

制造费用：约当总产量 =400 +76 =476（件）

直接材料：

计入产成品成本份额 =（2800 +8000）÷500 ×400 =8640（元）

月末在产品成本 =2800 +8000 −8640 =2160（元）

或：月末在产品成本 =（2800 +8000）÷500 ×100 =2160（元）

直接人工：

计入产成品成本份额 =（580 +1800）÷476 ×400 =2000（元）

月末在产品成本 =580 +1800 −2000 =380（元）

或：月末在产品成本 =（580 +1800）÷476 ×76 =380（元）

制造费用：

计入产成品成本份额 =（1008 +2800）÷476 ×400 =3200（元）

月末在产品成本 =1008 +2800 −3200 =608（元）

或：月末在产品成本 =（1008 +2800）÷476 ×76 =608（元）

填制完成的表 5 −43 如下所示。

第一车间成本计算单　　　　金额单位：元

项目	直接材料	直接人工	制造费用	合计
月初在产品成本	2800	580	1008	4388
本月发生费用	8000	1800	2800	12600
计入产成品成本份额	8640	2000	3200	13840
月末在产品成本	2160	380	608	3148

（2）第二车间的约当总产量

直接人工：约当总产量 =400 +60 ×40% =424（件）

制造费用：约当总产量 =400 +60 ×40% =424（件）

直接人工：

计入产成品成本份额 =（4160 +12800）÷424 ×400 =16000（元）

月末在产品成本 =4160 +12800 -16000 =960（元）

或：月末在产品成本 =（4160 +12800）÷424 ×24 =960（元）

制造费用：

计入产成品成本份额 =（1520 +11200）÷424 ×400 =12000（元）

月末在产品成本 =1520 +11200 -12000 =720（元）

或：月末在产品成本 =（1520 +11200）÷424 ×24 =720（元）

填制完成的表 5 -44 如下所示。

第二车间成本计算单　　金额单位：元

项目	直接材料	直接人工	制造费用	合计
月初在产品成本	—	4160	1520	5680
本月发生费用	—	12800	11200	24000
计入产成品成本份额	—	16000	12000	28000
月末在产品成本	—	960	720	1680

填制完成的表 5 -45 如下所示。

产品成本汇总计算表　　金额单位：元

项目	直接材料	直接人工	制造费用	合计
第一车间	8640	2000	3200	13840
第二车间		16000	12000	28000
合计	8640	18000	15200	41840

单位产品成本 =41840 ÷400 =104.6（元）。

七、逐步结转分步法与平行结转分步法的比较

平行结转分步法和逐步结转分步法虽然都属于分步法，但两者之间仍有许多不同之处，主要表现在如下几个方面：

（1）成本计算程序不同。逐步结转分步法在计算成本时是按产品的生产过程逐步计算并结转半成品成本，在最后步骤计算出完工产成品成本；而平行结转分步法各步骤只计算各步骤应计入产成品成本的份额，将各步骤应计入产成品成本的份额平行地加以汇总，才能计算出完工产成品的成本。

（2）各步骤所包括的费用不同。逐步结转分步法下，每一步骤应分配的费用（第一步骤除外）既包括本步骤发生的费用，也包括上一步骤转入的半成品的成本；平行

结转分步法下，各步骤应分配的费用只包括本步骤发生的费用，不包括上一步骤转入的半成品的成本。

（3）完工产品的概念不同。逐步结转分步法下的完工产品，不仅包括最后步骤完工的产成品，而且包括各步骤完工的半成品；平行结转分步法下的完工产品，只包括最后步骤的完工产成品。

延伸阅读

产品成本计算要分清四个费用界限：

（1）正确划分应计入产品成本和不应计入产品成本的费用界限。

首先，非生产经营活动的耗费不能计入产品成本。只有生产经营活动的成本才可能计入产品成本。筹资活动和投资活动不属于生产经营活动，它们的耗费不能计入产品成本，而属于筹资成本和投资成本。

其次，生产经营活动的成本分为正常的成本和非正常的成本，只有正常的生产经营活动成本才可能计入产品成本，非正常的经营活动成本不计入产品成本。

非正常的经营活动成本包括灾害损失、盗窃损失等非常损失；滞纳金、违约金、罚款、损害赔偿等赔偿支出；交易性金融资产跌价损失、坏账损失、存货跌价损失、长期股权投资减值损失、持有至到期投资减值损失、固定资产减值损失等不能预期的原因引起的资产减值损失；债务重组损失等。

（2）正确划分各会计期成本的费用界限。

（3）正确划分不同成本对象的费用界限。

（4）正确划分完工产品和在产品成本的界限。

项目小结

产品成本计算的主要方法一共有五个，即品种法、分批法、分步法、定额法、分类法。

企业在产品成本计算过程当中往往并不只运用一个方法，而是有可能两个方法结合应用，也可能是三个方法同时使用。以下再对品种法、分批法、分步法予以介绍。

1. 品种法

品种法是以产品品种作为成本计算对象来归集生产费用、计算产品成本的一种方法。品种法不需要按批计算成本，也不需要按步骤来计算半成品成本，因而这种成本计算方法比较简单。品种法主要适用于大批量单步骤生产的企业，如发电、采掘等；或者虽属于多步骤生产，但不要求计算半成品成本的小型企业，如小水泥、制砖等。品种法一般按月定期计算产品成本，不需要把生产费用在产成品和半成品之间进行分配。

2. 分批法

分批法也称订单法，是以产品的批次或订单作为成本计算对象来归集生产费用、计算产品成本的一种方法。分批法主要适用于单件和小批的多步骤生产，如重型机床、船舶、精密仪器和专用设备等。分批法的成本计算期是不固定的，一般把一个生产周期（即从投产到完工的整个时期）作为成本计算期来计算产品成本。在未完工时没有产成品，完工后又没有在产品，产成品和在产品不会同时并存，因而也不需要把生产费用在产成品和半成品之间进行分配。

3. 分步法

分步法是按产品的生产步骤归集生产费用、计算产品成本的一种方法。分步法适用于大量或大批的多步骤生产，如机械、纺织、造纸等。分步法由于生产的数量大，在某一时间上往往既有已完工的产成品，又有未完工的在产品和半成品，企业不可能等全部产品完工后再计算成本，因而分步法一般是按月定期计算成本，并且要把生产费用在产成品和半成品之间进行分配。

品种法是产品成本计算的基本方法，关于品种法的基本理论，比如它的特点、适用范围，它的计算程序，希望大家能够掌握。

分批法除要求同学们掌握采用分批法计算成本的方法外，还要掌握简化分批法的应用。设立基本生产成本二级账是简化分批法显著的特点，采用其他的成本计算方法可以不设立基本生产成本二级账。

技能训练

一、单项选择题

1. 品种法的成本计算对象是（　）。

A. 各种产品品种

B. 产品的批别或订单

C. 各种产品的材料费用

D. 每个加工阶段的半成品及最后加工阶段的产成品

2. 简化分批法与分批法的主要区别是（　）。

A. 不分批计算完工产品成本　　B. 不分批计算在产品成本

C. 分批核算原材料费用　　D. 不分配核算在产品成本

3. 平行结转分步法下在产品的含义是指（　）。

A. 本步骤在产品　B. 最终产成品　　C. 最后步骤在产品

D. 本步骤在产品和以后步骤在产品及入半成品库尚未最后完工的半成品

4. 在采用综合逐步结转分步法时，下步骤耗用的上步骤半成品成本应转入下步骤成本明细账中的（　）成本项目。

A. 直接材料　　B. 直接人工

C. 制造费用　　D. 直接材料或自制半成品

5. 采用分步法，为反映原始成本项目，必须进行成本还原的是（　）。

A. 综合逐步结转分步法　　B. 分项逐步结转分步法

C. 逐步结转　　D. 平行结转

6. 采用简化分批法时，累计间接费用分配率（　）。

A. 只是在各产品之间分配间接费用的依据

B. 只是在各批产品之间分配间接费用的依据

C. 既是在各批产品之间，也是在完工产品和在产品之间分配间接费用的依据

D. 只是在完工产品和在产品之间分配间接费用的依据

7. 采用简化分批法，在产品完工之前，基本生产成本明细账登记的内容是（　）。

A. 不登记任何费用　　B. 只登记直接费用和生产工时

C. 只登记原材料费用　　D. 登记间接费用而不登记原始费用

8. 分批法适用于（　）。

A. 小批生产　　B. 大批生产

C. 大量生产　　D. 多步骤生产

9. 成本还原是将（　）耗用各步骤半成品的综合成本，逐步分解还原为原始成本项目的成本。

A. 广义在产品　B. 自制半成品　C. 狭义在产品　D. 产成品

10. 分步法中，半成品已经转移，但成本不结转的成本结转方式是（　）。

A. 逐步结转分步法　　B. 平行结转分步法

C. 综合逐步结转分步法　　D. 分项逐步结转分步法

11. 产品成本计算的分步法是（　）。

A. 分车间计算产品成本的方法

B. 计算各步骤半成品和最后步骤产成品成本的方法

C. 按生产步骤计算产品成本的方法

D. 计算产品成本中各步骤份额的方法

12. 逐步结转分步法中在产品的含义是指（　）。

A. 自制半成品　　B. 狭义在产品

C. 广义在产品　　　　　　　　　　D. 半成品和产成品

13. 分步法适用于（　）。

A. 单件生产　　　　　　　　　　B. 大量生产

C. 大量大批生产　　　　　　　　D. 大量大批多步骤生产

14. 将上一步骤转入的半成品成本全部计入下一步骤成本计算单的“自制半成品”或“直接材料”成本项目，这种成本结转方式称为（　）。

A. 成本还原　B. 平行结转　C. 分项结转　D. 综合结转

15. 成本还原是从（　）生产步骤开始，将其耗用的前一步骤的自制半成品综合成本按照上一步骤完工半成品成本构成还原为原始成本项目的构成。

A. 最前　B. 最后　C. 中间　D. 任意

二、多项选择题

1. 下列方法中成本计算期与会计报告期一致的有（　）。

A. 品种法　B. 逐步结转分步法　C. 平行结转分步法　D. 分批法

2. 采用逐步结转分步法，按半成品成本在下一步骤成本计算单反映方法的不同，可以分为（　）。

A. 平行结转　B. 综合结转　C. 分项结转　D. 汇总结转

3. 简化分批法适用的范围是（　）。

A. 同一月份投产的产品批数很多　　B. 月末完工产品批数较少

C. 各月间接费用分配率相差不大　　D. 各月生产费用水平相差不大

4. 分批法和品种法的主要区别是（　）。

A. 成本计算对象不同　　　　　　B. 成本计算期不同

C. 生产周期不同　　　　　　　　D. 会计核算期不同

5. 采用简化分批法，各月（　）。

A. 只计算完工产品成本

B. 只对完工产品分配间接费用

C. 不分批计算在产品成本

D. 不在完工产品和在产品之间分配费用

6. 逐步结转分步法的特点是（　）。

A. 计算各步骤半成品成本

B. 半成品成本随实物的转移而转移

C. 在产品是指广义的在产品

D. 在产品是指狭义的在产品

7. 平行结转分步法的特点是（　）。

A. 不计算各步骤半成品成本　　B. 半成品实物转移但成本不结转

C. 在产品是指广义在产品　　D. 在产品是指狭义在产品

8. 采用平行结转分步法计算产品成本，各步骤生产的月末在产品成本包括（　）。

A. 本步骤月末在产品成本

B. 已转入以后步骤尚未最终完工的半成品成本

C. 最终产成品成本

D. 上一步骤月末在产品成本

9. 采用分批法计算产品成本时，如果批内产品跨月陆续完工的情况不多，完工产品数量占全部批量的比例很小，先完工的产品可以按（　）计价从产品成本明细账中转出。

A. 计划单位成本　　B. 定额单位成本

C. 最近一期相同产品的实际单位成本　　D. 实际单位成本

E. 同行业产品的单位成本

三、判断题

1. 从成本计算对象和成本计算程序看，品种法是最基本的成本计算方法。(　)

2. 品种法不需要在各种产品之间分配费用，也不需要在完工产品和期末在产品之间分配费用，所以也称“简单法”。(　)

3. 品种法的成本计算期与生产周期一致。(　)

4. 分批法应以产品的批次或订单、生产通知单作为成本计算对象，开设基本生产成本明细账。(　)

5. 简化分批法，是指既不需要在各批产品之间分配费用又不需要在完工产品和在产品之间分配费用的一种方法。(　)

6. 采用简化分批法，未完工产品不分配结转间接计入成本的费用。(　)

7. 采用平行结转分步法，产成品是指最后一个步骤的产成品。(　)

8. 采用逐步结转分步法，每月末各步骤成本计算单中归集的生产费用，应采用适当的方法在完工产品和狭义在产品之间分配。(　)

四、实务题

1. 品种法练习

某企业设一个基本生产车间和一个辅助生产车间（机修车间）。基本生产车间生产甲、乙两种产品，采用品种法计算产品成本。辅助生产车间的制造费用不通过“制造费用”科目核算。

2008 年 6 月生产车间发生的经济业务如下：

（1）基本生产车间领用材料 40000 元，其中，直接用于甲产品生产的 A 材料 10800 元，直接用于乙产品生产的 B 材料 18000 元，甲、乙产品共同耗用的 C 材料 10000 元（按甲、乙产品的定额消耗量比例进行分配，甲产品的定额消耗量为 440 千克，乙产品的定额消耗量为 560 千克），车间一般消耗 1200 元；辅助生产车间领用材料 2320 元，共计 42320 元。

（2）结算本月应付职工工资，其中，基本生产车间的工人工资 18240 元（按甲、乙产品耗用的生产工时比例分配，甲产品生产工时为 300 小时，乙产品生产工时为 500 小时），车间管理人员工资 2850 元，辅助生产车间职工工资 1710 元，共计 22800 元。

（3）计提固定资产折旧费。基本生产车间月初应计折旧固定资产原值 100000 元，辅助生产车间月初应计折旧固定资产原值 40000 元；月折旧率为 1%。

（4）基本生产车间和辅助生产车间发生的其他支出分别为 1200 元和 600 元，均通过银行办理转账结算。

（5）辅助生产车间（机修车间）提供劳务 2515 小时，其中，为基本生产车间提供劳务 2000 小时，为管理部门提供劳务 515 小时。

（6）基本生产车间的制造费用按生产工时比例在甲、乙产品之间进行分配。

（7）乙产品原材料在生产开始时一次投入，原材料费用按完工产品数量和月末在产品数量的比例进行分配，工资及福利费和制造费用采用约当产量比例法进行分配。乙产品本月完工 100 件，月末在产品 50 件，完工率 50%。乙产品月初在产品成本为 14500 元，其中，原材料费用 6000 元，工资及福利费 3500 元，制造费用 5000 元。

要求：（1）编制各项要素费用分配的会计分录。

（2）编制辅助生产费用分配的会计分录。

（3）编制结转基本生产车间制造费用的会计分录。

（4）计算并填列甲、乙产品成本明细账，计算甲、乙产品成本。

（5）编制结转入库产成品成本的会计分录。

2. 分批法练习

某企业生产 A、B、C、D 四种产品，采用简化的分批法进行成本计算，该企业 8 月的有关资料如下：

企业 8 月基本生产成本二级账如表 5－46 所示。

（1）9501 A 产品 10 件、9504 D 产品 15 件均为 6 月投产，本月完工。9501 A 产品相关资料如表 5－47 所示，9504 D 产品相关资料如表 5－48 所示。

（2）9502 B 产品、9503 C 产品本月全部未完工。9502 B 产品相关资料如表 5－49 所示，9503 C 产品相关资料如表 5－50 所示。

表 5－46　　某企业 8 月基本生产成本二级账

	月	日	摘要	直接材料	生产工时	直接人工	制造费用	合计
基本生产成本二级账	7	31	在产品	180000	150000	84000	75000	339000
	8	31	本月发生	200000	50000	16000	45000	261000
	8	31	累计	380000	200000	100000	120000	600000
	8	31	全部产品累计间接费用分配率	—	—			—
	8	31	本月完工转出					
	8	31	在产品					

注：在产品可以通过倒推得出。

表 5－47　　9501 A 产品相关资料

	月	日	摘要	直接材料	生产工时	直接人工	制造费用	合计
9501（10 件，完工）	6	30	本月发生	20000	21000	—	—	41000
	7	31	本月发生	10000	12000	—	—	22000
	8	31	本月发生	30000	3500	—	—	33500
	8	31	累计			—	—	
	8	31	累计数及累计间接费用分配率					—
	8	31	本月完工转出					
	8	31	完工产品单位成本		—			

表 5－48　　9504 D 产品相关资料

	月	日	摘要	直接材料	生产工时	直接人工	制造费用	合计
9504（15 件，完工）	6	30	本月发生	32000	23000	—	—	55000
	7	31	本月发生	24000	13000	—	—	37000
	8	31	本月发生	50000	14700	—	—	64700
	8	31	累计			—	—	
	8	31	累计数及累计间接费用分配率					—
	8	31	本月完工转出					
	8	31	完工产品单位成本		—			

表 5-49 9502 B 产品相关资料

	月	日	摘要	直接材料	生产工时	直接人工	制造费用	合计
9502（未完工）	6	30	本月发生	15000	17000			32000
	7	31	本月发生	22000	18000			40000
	8	31	本月发生	50000	14800			64800
	8	31	累计					
	8	31	累计数及累计间接费用分配率					
	8	31	本月完工转出	—	—			
	8	31	完工产品单位成本	—	—			

表 5-50 9503 C 产品相关资料

	月	日	摘要	直接材料	生产工时	直接人工	制造费用	合计
9503（未完工）	6	30	本月发生	44000	31000			136800
	7	31	本月发生	13000	15000			136800
	8	31	本月发生	70000	17000			273600
	8	31	累计					
	8	31	累计数及累计间接费用分配率					
	8	31	本月完工转出	—	—			
	8	31	完工产品单位成本					

要求：根据上述资料，采用简化分批法进行成本计算，并将计算结果填入表格。

3. 逐步结转分步法练习

某企业 A 产品生产分两个步骤，分别由第一、第二两个生产车间进行。第一车间生产半成品，交半成品库验收，第二车间按所需半成品数量向半成品库领用；第二车间所耗半成品费用按全月一次加权平均单位成本计算。两个车间月末在产品均按定额成本计价。该企业采用按实际成本综合结转的逐步结转分步法计算 A 产品成本。

第一、第二两个车间月初、月末在产品定额成本资料及本月生产费用资料见“产品成本明细账”（见表 5-51 和表 5-52）；自制半成品月初余额、本月第一车间完工半成品交库数量及本月第二车间领用自制半成品数量见“自制半成品明细账”（见表 5-53）。

要求：(1) 计算填列“产品成本明细账”（见表5－51和表5－52）和“自制半成品明细账”（见表5－53）。

(2) 计算填列“产成品成本还原计算表”（见表5－54）（列出还原分配率的计算过程）。

表5－51　　产品成本明细账（1）

车间名称：第一车间　　产品名称：半成品A　　单位：元

项目	直接材料	直接人工	制造费用	合计
月初在产品定额成本	6000	3800	2900	12700
本月生产费用	30200	21500	16500	68200
生产费用合计				
完工半成品成本				
月末在产品定额成本	6300	2800	1800	10900

表5－52　　产品成本明细账（2）

车间名称：第二车间　　产品名称：产成品A　　单位：元

项目	直接材料	直接人工	制造费用	合计
月初在产品定额成本	27600	2450	2600	32650
本月生产费用		19600	15400	
生产费用合计				
完工产成品成本				
月末在产品定额成本	13800	5250	4000	23050

表5－53　　自制半成品明细账

半成品名称：半成品A　　单位：件

月份	月初余额		本月增加		合计			本月减少	
	数量	实际成本	数量	实际成本	数量	实际成本	单位成本	数量	实际成本
4	500	11000	2500					2600	
5			×	×	×	×	×	×	×

表5－54　　产成品成本还原计算表　　单位：元

项目	还原分配率	半成品	直接材料	直接人工	制造费用	成本合计
还原前产成品成本	×		×			
本月所产半成品成本	×	×				
成本还原		×				
还原后产成品成本	×	×				

项目六　成本计算的辅助方法

职业能力目标

- 掌握两种产品成本计算辅助方法的操作技能，能确定产品成本计算对象，设置生产成本明细账，归集和分配各种生产费用，确定期末在产品成本和本期完工产品成本
- 在运用定额法时，能分清定额成本和脱离定额差异，懂得定额变动与材料成本差异的处理，正确登记产品成本明细账

关键概念

分类法　定额法　副产品　联产品

结构导图

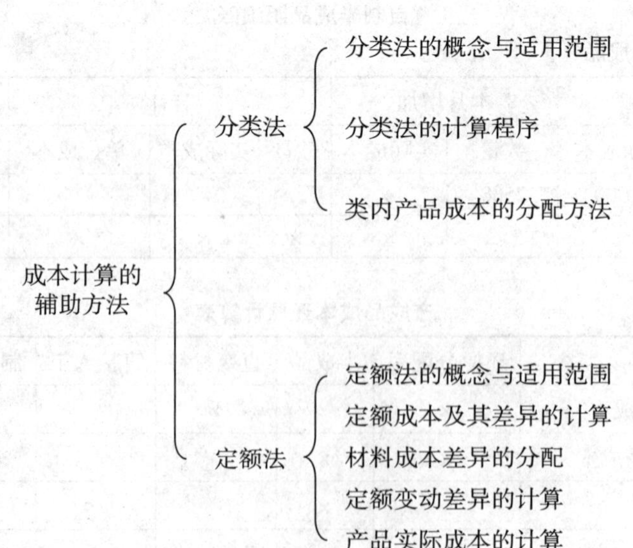

项目导入

某小型生产企业，因为考虑到成本—效益原则，所以在成本核算工作中存在一些不足，比如，材料消耗是根据实际领料数量进行核算，没有考核标准，因而各月之间成本波动较大，而且领用材料计量不够准确，对于不能点数的材料，则采用目测的方法估算。鉴于存在的问题，企业经理决定进行整改。如果请你为经理出谋划策，请问你有哪些建议？

任务一　成本计算的分类法

任务导入

某玩具制造企业生产甲、乙、丙、丁四种玩具，这四种产品都是塑料玩具，它们所用的原材料和生产工艺都是类似的。若该企业采用品种法计算不同产品的成本，由于产品种类较多，会计核算工作量很大。请思考有什么方法既可保证成本核算的准确性又能简化核算？

任务知识

一、分类法的含义和适用范围

1. 概念

分类法是按照产品类别归集生产费用，在计算出各类产品成本的基础上，再按一定标准在类别内部各种产品之间分配费用的成本计算方法。该方法适用于用同样原材料、经过同样工艺过程生产出来的不同规格的产品。

分类法不是一种独立的成本计算方法，在计算各类产品成本的时候，必须结合品种法、分批法或分步法等成本核算的基本方法使用，所以分类法只是成本核算的辅助方法，它与企业的生产类型没有直接联系，只要企业的产品可以按照其结构、性质、用途、生产工艺过程和原材料消耗的特点划分为一定类别，都可以采用分类法进行成本计算。

2. 适用范围

（1）适用于用同一种原材料进行加工而同时生产出几种主要产品——联产品的成本计算。联产品耗用的原材料和生产工艺过程相同，只能归为一类计算成本。

（2）适用于内部结构、所耗原材料质量或工艺技术等客观因素发生变化而造成的不同等级的产品。这些产品应是同一品种不同规格的产品，可以归为一类计算成本。但人工造成的等级品，不能采用分类法计算成本。

（3）适用于除主要产品之外的零星产品生产。

（4）适用于副产品的生产。将主、副产品归为一类计算成本，然后将副产品成本按一定方法计价从总成本中扣除，余额即主产品成本。

二、分类法的特点

（1）按照产品的类别归集生产费用。直接费用直接计入各类产品成本，间接费用分配计入各类产品成本，然后汇总计算各类产品成本，同一类产品中不同品种产品的成本再按一定的分配方法分配。

（2）同类产品内的费用分配标准与产品各项消耗的高低有密切关系。同类产品内各种产品之间分配费用的标准很多，一般可以定额消耗量、定额成本、售价、计划成本以及产品的重量、体积、长度等作为分配标准。但在选择分配标准时，一定要考虑到与产品生产耗费高低的关系，即应选择与产品各项耗费高低有密切联系的分配标准。

（3）在类内各种产品之间分配费用时，各成本项目可以按同一标准进行分配，也可以根据各成本项目的性质分别按照不同的分配标准进行分配。例如，材料费用可以按照材料定额消耗量或材料定额费用比例进行分配；职工薪酬、制造费用等可以按照定额工时比例分配。

（4）利用固定系数分配费用。为了简化分配工作，可以将分配标准折算成相对固定的系数，按照固定系数在类内各种产品之间分配费用。凡是产品品种繁多，而且可以按要求划分若干类别的生产企业或车间，均可采用分类法核算成本。分类法与产品生产的类型没有直接关系，因而可以在各种类型的生产企业中应用。

三、分类法的核算程序

（1）按照产品的类别设立产品成本明细账。采用分类法计算产品成本时，首先应按照产品的性质、结构、用途、生产工艺过程、耗用原材料的不同等标志将产品划分为若干类别，然后按照产品的类别设置产品成本明细账。

（2）在设置的明细账内，按照成本项目归集生产费用，选择一定的分配标准计算出完工产品的总成本。

（3）将类内完工产品的总成本，采用适当的方法分配给该类产品中不同品种的产品。

四、类内各产品成本的分配方法

按类别计算出各类产品的总成本后，需要将每类产品总成本在类内各种产品之间进行分配，从而计算出各种完工产品的成本。在这里，分配标准的选择是非常重要的，分配标准应选择与产品成本高低有着直接联系的项目。各成本项目可采用同一分配标准，也可采用不同的分配标准。通常采用的分配标准有定额消耗量、定额成本、计划成本、产品售价、产品的重量或体积等。类内产品成本的计算，在一般情况下是采用系数法、定额成本计价法或定额比例法。

1. 系数法

采用分类法时，一般是将类内产品的分配标准折合为系数，按系数分配、计算类内各种产品成本。确定系数的具体做法是，在同类产品中选择一种产量大、生产稳定或规格折中的产品作为标准产品，把这种产品的分配标准系数确定为1，以其他产品的单位产品的分配标准数据与标准产品相比，求出的比例即其他产品的系数。系数确定后，把各种产品的实际产量乘上系数，换算成标准产品产量，或称为总系数，再按各种产品总系数比例分配、计算类内各种产品成本。分配、计算类内各种产品成本时，既可以按综合系数分配，也可以分成本项目采用单项系数分配。

系数法是将分配标准折算成相对固定的系数，按照系数在类内各种产品之间分配费用，计算产品成本（简化的分类法）的。

系数法的计算公式如下。

（1）将各种产品的实际产量按系数折算为标准产品产量

$$某产品标准产量（总系数）=该产品实际产量\times该产品系数$$

（2）计算费用分配率

$$某类产品某项费用分配率=\frac{该类完工产品该项费用总额}{该类内各种产品标准产量之和}\times100\%$$

（3）计算类内各种产品成本

$$某种产品应负担的某项费用=该种产品标准产量（总系数）\times该类产品该项费用分配率$$

2. 定额比例法

定额比例法是在计算出类内产品的总成本后，按类内各种产品的定额比例进行分配，从而计算出类内每一种产品的成本的一种方法。这种方法一般适用于定额比较健全、稳定的企业。具体计算时，材料费用可采用材料的定额耗用量的比例进行分配，加工费用可采用定额工时的比例进行分配。

$$\text{某类内产品（各成本项目）费用分配率}=\frac{\text{该类完工产品费用总额}}{\text{该类内各种产品定额费用（或定额消耗量）之和}}\times 100\%$$

$$\text{类内某种产品（各成本项目）费用分配额}=\text{类内该种产品定额费用（或定额消耗量）}\times\text{某类内产品费用分配率}$$

五、联产品、副产品、等级品的成本计算

1. 联产品

所谓联产品，是指企业在生产过程中，利用同一种原材料，经过同一个生产过程，同时生产出几种产品，并且这些产品都是企业的主要产品的情况。联产品在生产过程中使用同样的原材料，并且又是在同一生产过程中生产出来的。在联产品分离之前，应将其归为一类计算其总成本，然后采用适当的方法，分配、计算联产品中每种产品的成本。联产品虽然可以按类别归集费用，计算成本，但它同分类法是有区别的，即对分离后的继续加工成本，需要按照分离后产品的生产特点，选择适当的方法进行计算。通常情况下，分离前发生的成本被称为联合成本，而分离后每种产品发生的成本被称为可归属成本。因此，联产品的成本应该包括其所应负担的联合成本和分离后的继续加工成本。计算出联产品的联合成本之后，需要将其在各种联产品之间进行分配，分配时可根据企业具体情况确定应采用的分配方法，常用的分配方法包括：实物计量分配法、标准产量分配法和销售价值分配法。

（1）实物计量分配法

实物计量分配法是将联合成本按各联产品实物量（如重量、长度或容积）进行分配的一种方法。

（2）标准产量分配法

标准产量分配法也称系数分配法，它是根据各种联产品的实际产量，按系数将其折算为标准产量来分配联合成本的一种方法。该方法的具体程序：首先，确定各种联产品的系数，然后用每种产品的产量乘上各自的系数，计算出标准产量；其次，将联合成本除以各种联产品标准产量之和，求得联合成本分配率；最后，用联合成本分配率乘以每种产品的标准产量。这样就可以计算出各种产品应负担的联合成本了。

（3）销售价值分配法

销售价值分配法是指以各种联产品的销售价值作为分配标准来分配联合成本的一种联产品成本分配方法。

2. 副产品

（1）副产品概念

在主要产品的生产过程中，附带生产出的一些非主要产品，通常称为副产品。

（2）副产品成本计算的特点

主、副产品是耗用相同的原材料，经过同一生产过程生产出来的，故可将副产品与主产品合为一类，设立成本明细账，归集生产费用、计算成本，然后将副产品按一定的方法计价，从总成本中扣除（一般在总成本的直接材料项目中扣除），以扣除后的成本作为主产品的成本。

副产品计价可按照售价减去税金和按正常利润率计算的销售利润后的余额计价，也可以固定的或计划的单价计价。

（3）主、副产品分离前后的成本计算

有些副产品与主产品分离后，还必须进一步加工，才能形成市场所需的产品。此种情况下，应根据副产品加工生产的特点和管理要求，采用适当的方法单独计算副产品的成本（主、副产品成本明细账应分开设置）。

（4）副产品按计划单位成本计算

若副产品加工时间短、费用不大，为简化计算，副产品可按计划单位成本计价，而不计算其实际成本。此种情况下，主、副产品（不论分离前后）的领料凭证、工时记录和产品成本明细账，可按主产品填列、设立。从主、副产品的生产费用总额中扣除按计划单位成本计算的副产品成本后的余额，即为主产品的成本。

3. 等级品

等级品是指品种相同但在质量上有差别的产品。按造成产品质量差别的原因不同，等级品可以分为两种：一种是由材料的质量、工艺过程不同或由自然原因造成的等级品；一种是由经营管理或技术操作的原因形成的等级品。

等级品的成本计算，应根据企业的具体情况加以确定。如果是由材料质量、工艺过程本身等特点或自然原因造成的，则应采用适当的方法计算各种等级品的产品成本。计算时，可将各种等级品作为一类产品，计算类产品的联合成本，再根据按各种等级品的售价等标准确定的系数，将各等级品产量折合为标准产量，采用标准产量比例法分配联合成本，以分配的联合成本作为各等级产品的成本。如果是由生产管理不当、操作失误造成的等级品，因为等级品用料相同，工艺过程也相同，则其成本也应相同，因此，应采用实际产量比例法，将等级品的联合成本直接按各等级产品实际产量平均计算，从而使各等级品单位成本水平一致。

六、分类法的优缺点

1. 优点

（1）可以简化成本计算工作。

（2）不仅提供各种产品的成本水平信息，还提供各类产品的成本水平信息，从而便于企业对各类产品成本进行考核和分析。

2. 缺点

分类法按产品类别归集生产费用，类内各种产品按一定标准分配成本，分配结果具有一定的假定性。

七、核算案例

【例6－1】系数法的案例。

【资料】某农具厂按分类法计算产品成本。该厂生产的甲、乙、丙三种产品属于小型铁农具类，其原材料和生产工艺相近。5月生产甲产品4000把、乙产品1500把、丙产品2400把；月末在产品，甲产品160把、乙产品240把。

本月该类产品的生产费用：直接材料21030元，直接人工7428元，制造费用8240元；月初在产品成本：直接材料720元，直接人工240元，制造费用280元。

各种产品成本的分配方法：原材料费用按事先确定的耗料系数比例分配；其他费用按工时系数比例分配。耗料系数根据产品的材料消耗定额计算确定，工时系数根据产品的工时定额计算确定。材料消耗定额：甲产品1.2千克，乙产品1.8千克，丙产品0.24千克，以甲产品为标准产品。工时定额：甲产品0.8小时，乙产品1.6小时，丙产品0.4小时。各种产品均是一次投料，月末在产品完工程度为50%。

【要求】

（1）编制系数计算表（见表6－1），确定甲、乙、丙三种产品的用料系数和工时系数。

（2）编制标准产品产量计算表（见表6－2），计算完工产品和月末在产品的标准产品产量（即总系数）。

（3）编制类别产品成本计算单（见表6－3），计算类别完工产品成本和月末在产品成本。

（4）编制类内各种产成品成本计算表（见表6－4），计算甲、乙、丙完工产品成本。

【解析】

（1）编制系数计算表

表6－1　　　　系数计算表

产品名称	原材料消耗定额（千克）	耗料系数	工时消耗定额	工时系数
甲	1.2	1	0.8	1
乙	1.8	1.5	1.6	2
丙	0.24	0.2	0.4	0.5

（2）编制标准产品产量计算表

表 6－2　　标准产品产量计算表

项目	产成品产量（把）	原材料				加工费			
		耗料系数	产成品折合标准产量（把）	在产品实际数量（把）	在产品折合标准产量（把）	工时系数	产成品折合标准产量（把）	在产品折合约当产量（把）	在产品折合标准产量（把）
甲产品	4000	1	4000	160	160	1	4000	80	80
乙产品	1500	1.5	2250	240	360	2	3000	120	240
丙产品	2400	0.2	480			0.5	1200		
合计			6730		520		8200		320
标准产品产量（总系数）		7250				8520			

（3）编制类别产品成本计算单

表 6－3　　类别产品成本计算单

产品类别：小型铁农具类　　单位：元

摘要	直接材料	直接人工	制造费用	合计
月初在产品成本	720	240	280	1240
本月发生费用	21030	7428	8240	36698
费用合计	21750	7668	8520	37938
产成品标准产品产量	6730	8200	8200	
在产品标准产品产量	520	320	320	
标准产品产量合计	7250	8520	8520	
费用分配率	3	0.9	1	
完工产品成本	20190	7380	8200	35770
月末在产品成本	1560	288	320	2168

（4）编制类内各种产成品成本计算表

表 6－4　　类内各种产成品成本计算表

项目	产量（把）	原材料标准产品产量（把）（耗材总系数）	直接材料（元）	工时标准产品产量（把）（工时总系数）	直接人工（元）	制造费用（元）	合计（元）
费用分配率			3		0.9	1	
甲产品	4000	4000	12000	4000	3600	4000	19600

续 表

项目	产量（把）	原材料标准产品产量（把）（耗材总系数）	直接材料（元）	工时标准产品产量（把）（工时总系数）	直接人工（元）	制造费用（元）	合计（元）
乙产品	1500	2250	6750	3000	2700	3000	12450
丙产品	2400	480	1440	1200	1080	1200	3720
合计		6730	20190	8200	7380	8200	35770

任务二　成本计算的定额法

任务导入

在我们介绍的方法中，采用品种法、分步法和分类法计算产品成本时，生产费用的日常核算都是按照实际发生额进行的，产品的实际成本也是根据实际生产费用计算的。如此，生产费用脱离定额的差异及其产生的原因就无法揭示。这样，将不利于加强定额管理，也不利于节约费用、降低成本。采用定额法将会弥补以上方法的缺陷。

任务知识

一、定额法的含义

产品成本计算的定额法，是在某些定额管理有一定基础的工业企业中，为了及时反映、监督生产费用和产品成本脱离定额的差异，有效加强定额管理和成本控制而采用的一种将符合定额的费用和脱离定额的差异分别计算的成本计算辅助方法。

二、定额法的特点

（1）为加强对产品成本的事前控制，采用定额法时，要在事前制定出各种产品的消耗定额、费用定额和定额成本，以此作为降低成本的目标。

（2）为加强对成本差异的日常核算、分析和控制，采用定额法时，要在事中，即在生产费用发生的当时，将实际成本分成符合定额的耗费和不符合定额的耗费（即差异）两部分，分别核算，并将信息及时反馈。

（3）为定期考核和分析成本提供数据，采用定额法时，要在事后，一般是在月末时，在定额成本的基础上加减各种成本差异，计算出产品的实际成本。

三、定额法的计算程序

单位产品定额成本包括单位零件定额成本、单位部件定额成本和单位产成品定额成本，通常由计划、技术、财会部门等共同制定。定额成本的计算，一般通过编制定额成本计算表进行。定额成本计算表的编制与产品结构、所用零部件的多少有关。具体分为以下几种情况：

（1）在零部件不多的情况下，可以先编制单位零件定额成本表，然后汇总编制单位部件定额成本表，最后汇总编制单位产成品定额成本表。

（2）在零部件较多的情况下，为了简化成本计算工作，可以不编制单位零件定额成本表，直接根据列有零件原材料消耗定额、所在工序和工时消耗定额的零件定额卡，以及原材料计划单价、计划小时工资率和计划小时制造费用率，编制单位部件定额成本表，然后再汇总编制单位产成品定额成本表。

（3）在零部件极多的情况下，为了使成本计算工作更加简化，可以不编制单位零件定额成本表和单位部件定额成本表，直接根据列有零件原材料消耗定额、所在工序和工时消耗定额的零件定额卡，列有部件原材料消耗定额、计划单价和工时定额的部件定额卡，以及计划小时工资率和计划小时制造费用率，直接编制单位产成品定额成本表。

四、产品定额成本的制定

定额成本是目标成本的一种，它是根据现行定额和计划单位成本制定的。在制定时，要分别按成本项目进行。

其计算公式为：

$$\text{原材料费用定额} = \text{产品原材料消耗定额} \times \text{原材料计划单价}$$

$$\text{生产工资费用定额} = \text{产品生产工时定额} \times \text{计划小时工资率}$$

$$\text{制造费用定额} = \text{产品生产工时定额} \times \text{计划小时费用率}$$

其中，计划小时工资率、计划小时费用率可用下列公式计算：

$$\text{计划小时工资率} = \frac{\text{预计某车间全年生产工人工资总额}}{\text{预计该车间全年定额工时总数}} \times 100\%$$

$$\text{计划小时费用率} = \frac{\text{预计某车间全年制造费用总额}}{\text{预计该车间全年定额工时总数}} \times 100\%$$

五、脱离定额差异的计算

在定额法下，企业将实际生产费用分为符合定额的耗费和不符合定额的耗费两部分，分别核算，并予以汇总。其中，“不符合定额的耗费部分”即脱离定额差异。

（一）原材料脱离定额差异的计算

1. 限额法

所谓限额法，是指车间在向仓库领料时，实行限额领料（或定额发料）制度，使用限额领料单（或定额发料单），以控制用料的一种方法，也叫差异凭证法。

2. 切割核算法

所谓切割核算法，是指通过材料切割核算单，核算材料定额消耗量和脱离定额差异，以控制用料的一种方法。对于不能直接投入生产，要经过切割（下料）才能使用的一些材料，如板材、棒材等，除了采用限额法以外，还应采用切割核算法来控制用料。

3. 盘存法

所谓盘存法，是指通过定期盘存，核算材料的脱离定额差异，以控制用料的一种方法。对于不能采用切割核算法的材料，为了更好地控制用料，除了采用限额法以外，还应采用盘存法，定期地在每个工作班、工作日、每周、每旬等通过盘存的方法核算和控制用料差异。

【例 6-2】原材料脱离定额差异的计算案例。

【资料】甲产品采用定额法计算成本，原材料定额费用采用盘存法计算。该产品原材料消耗定额为每件 5 千克，所耗原材料的计划单位成本为每千克 10 元。本月期初结存在产品 90 件，本月完工产成品 1200 件，期末结存在产品 100 件。本月期初车间余料为 300 千克，本月实际领用 6000 千克，本月期末车间余料 200 千克。本月材料成本差异为 3%。

【要求】（1）计算本月产品的原材料定额费用。

（2）计算本月甲产品原材料脱离定额差异。

（3）计算本月甲产品应负担的原材料成本差异。

【解析】

（1）原材料定额费用：

$1200+100-90=1210$（件）

$1210\times5\times10=60500$（元）

（2）脱离差异：$6000+300-200=6100$（千克）

超支：$6100\times10-60500=500$（元）

（3）原材料成本差异：$(60500+500)\times3\%=1830$（元）

（二）人工费用脱离定额差异的计算

直接人工费用脱离定额差异的核算，因企业所采用的工资制度的不同而不同。

1. 在计件工资制度下，直接人工费用脱离定额差异的核算

在计件工资制度下，直接人工费用脱离定额差异的核算与原材料脱离定额差异的核算相类似。因为在计件单价不变的情况下，按计件单价计算的生产工人工资及提取的福利费属于直接计入费用，是符合定额的人工费用部分，即定额工资部分，应该反映在产量记录中；在计件单价以外支付的奖金、津贴、补贴等没有在产量记录中反映的工资部分，就是人工费用的脱离定额差异，通常单独反映在专设的工资补付单等差异凭证中，并要说明差异原因，以便分析。

2. 在计时工资制度下，直接人工费用脱离定额差异的核算

在计时工资制度下，直接人工费用属于间接计入费用，其脱离定额的差异不能在平时按照产品直接计算，只有在月末确定了实际直接人工费用总额和实际生产工时总额之后才能计算。

【例 6－3】某厂 2007 年 10 月生产甲、乙两种产品，计划工资额为 12000 元，计划产量工时为 60000 小时。实际产量定额工时为 62000 小时，其中，甲产品耗用了 40000 小时，乙产品耗用了 22000 小时。实际工资总额为 14300 元，实际工时为 65000 小时，其中，甲产品耗用了 45000 小时，乙产品耗用了 20000 小时。

【要求】计算甲、乙产品工资定额差异。

【解析】计划小时工资率＝计划产量的定额生产工资/该车间计划产量的定额生产工时＝12000÷60000＝0.2（元）

实际小时工资率＝实际生产工资总额/该车间实际生产工时总额＝14300÷65000＝0.22（元）

甲产品工资定额的差异＝该产品实际产量的实际生产工时×实际小时工资率－该产品实际产量的定额生产工时×计划小时工资率＝45000×0.22－40000×0.2＝9900－8000＝1900（元）

工时变动影响＝0.2×（45000－40000）＝1000（元）

工资率变动影响＝（0.22－0.2）×45000＝900（元）

（三）制造费用脱离定额差异的计算

制造费用一般属于间接计入费用，各种产品应负担的实际制造费用和脱离定额差异，只有等到月末确定了实际制造费用总额、实际生产工时总额，计算出了实际小时制造费用率

之后，才能确定。这样就无法在费用发生的当时直接按照产品进行脱离定额差异的核算。因此，对制造费用的日常控制和监督，主要是根据制订的费用计划（或预算）进行。

制造费用脱离定额差异的核算方法，可以比照上述计时工资制度下直接人工费用脱离定额差异的核算方法来计算确定。

【例6-4】某工厂6月生产甲产品，单位产品的工时定额为1500小时，本月实际完工产品产量为1000件。月末在产品数量为200件，完工程度为40%；月初在产品数量为100件，完工程度为60%；计划每工时制造费用1元，实际每工时制造费用0.95元，实际生产工时为1520000小时。

【要求】计算甲产品制造费用的脱离定额差异。

【解析】本月投产量 = 1000 + 200 × 40% − 100 × 60% = 1020（件）

实际完成的定额工时 = 1020 × 1500 = 1530000（小时）

实际制造费用 = 1530000 × 0.95 = 1453500（元）

定额制造费用 = 1530000 × 1 = 1530000（元）

制造费用脱离定额差异 = 1453500 − 1530000 = −76500（元）

上述计算结果表明，制造费用脱离定额差异为节约差异。

（四）废品损失脱离定额差异的核算

如果企业有单独核算废品损失，即在成本项目中包含了“废品损失”这项，那么，企业就应该采用废品通知单和废品损失计算表等单独反映废品损失及其发生的原因，按定额成本计算不可修复废品的成本。因为产品的定额成本中一般不包括废品损失，所以发生的废品损失一般直接作为脱离定额的差异处理。

六、定额法的优缺点

1. 定额法的优点

（1）有利于加强日常的成本控制。定额法能够在耗费发生的当时，通过生产耗费脱离定额差异的日常核算，及时反映和监督各项耗费的节约或超支情况，以便企业采取措施加强成本控制，降低产品成本。

（2）便于进行产品成本的定期分析。由于产品实际成本是按照定额成本和各种成本差异分别反映的，这样在进行产品成本的定期分析时，便于企业准确确定脱离定额差异的程度大小以及产生的原因。

（3）通过各项差异的核算，有利于企业提高成本的定额管理和计划管理工作水平。

（4）有利于企业解决各项差异在完工产品和月末在产品之间分配的问题。

2. 定额法的缺点

（1）成本核算的工作量较大。因为在定额法下，实际成本是通过定额成本和各种差异的计算求得的，定额成本要制定，脱离定额差异要单独进行核算，在修订定额时还要计算定额变动差异，这些都增加了核算的工作量。

（2）各项差异主要是按产品计算确定的，难以分清各部门的经济责任。

七、定额法的适用范围

定额法主要适用于定额管理工作基础比较好，定额管理制度比较健全，产品生产已经定型，各项消耗定额比较准确、稳定的大量大批生产类型的企业。

八、定额法核算案例

【例6－5】甲产品采用定额法计算成本。本月有关甲产品原材料费用的资料如下：

（1）月初在产品定额费用为5000元，月初在产品脱离定额的差异为节约145元，月初在产品定额费用调整为降低100元。定额变动差异全部由完工产品负担。

（2）本月定额费用为100000元，本月脱离定额差异为节约5100元。

（3）本月原材料成本差异率为超支1%，材料成本差异全部由完工产品成本负担。

（4）本月完工产品的产量500件。甲产品单位产品原材料费用定额为220元，定额变动系数为0.9。

【要求】

（1）计算本月完工产品的原材料定额费用。

（2）计算月末在产品的原材料定额费用。

（3）计算完工产品和月末在产品的原材料实际费用（脱离定额差异，按定额费用比例在完工产品和月末在产品之间分配）。

【解析】

（1）本月完工产品的原材料定额费用：

单位产品原材料费用定额＝220×0.9＝198（元）

完工产品原材料定额费用＝500×198＝99000（元）

（2）月末在产品的原材料定额费用：5000－100＋100000－99000＝5900（元）

（3）原材料脱离定额差异率＝（－145－5100）÷（99000＋5900）×100%＝－5%

本月应负担的原材料成本差异＝（100000－5100）×1%＝949（元）

本月完工产品原材料实际费用＝99000＋99000×（－5%）＋949＋100＝95099（元）

月末在产品原材料实际费用 = 5900 + 5900 × （-5%） = 5605（元）

延伸阅读

联产品是指用同一种原料，经过同一个生产过程，生产出的两种或两种以上的不同性质和用途的产品；副产品是指在生产主要产品过程中附带生产出的非主要产品。

两者的主要特点如下：

联产品是企业的主要产品，是企业生产活动的主要目标；销售价格较高，对企业收入有较大贡献；要生产一种产品，通常要生产所有联产品，其种类一般分为补充联产品和代用联产品。

副产品是企业的次要产品，不是企业生产活动的主要目标；销售价格较低，销售收入大大低于主产品，在企业总销售收入中占的比例很小。

两者不是固定的关系，是可以相互转化的（在不同的时间、地点、用途等方面）。

联产品成本计算要考虑三个阶段——分离前、分离时、分离后：分离前，在联合生产过程发生的费用汇总后确定联合成本；在分离时就必须采用可行的分配办法将联合成本分配于各联产品；分离后不需进一步加工即可销售或结转的联产品，其成本就是分配的联产品成本。分离后如需进一步加工的，继续加工费用为直接费用的可直接计入，为间接费用的应在相关的产品间分配计入。

有副产品计算成本时，由于副产品是次要产品，对企业的收入和利润都影响甚微，通常按副产品的扣除价格从联合成本中扣除：

（1）副产品的扣除成本为0。当副产品价值极微时，假定其分配的联合成本为0，联合成本全部由主产品负担，副产品的收入直接列入利润表的其他业务利润。

（2）副产品只负担继续加工成本。联合成本归主产品，副产品的收入列其他业务收入，副产品继续加工成本列其他业务支出。

（3）副产品作价扣除。把副产品的销售价格扣除继续加工成本、销售费用、销售税金及合理利润后作为扣除价格，再从联合成本中扣除。

（4）联合成本在主、副产品间分配。如果副产品在企业销售额中还能占据一定的比例，可以按照联产品分配的办法来分配联合成本，使副产品占少量成本，这种方法相对准确。副产品所分配的联合成本加上继续加工成本，就是副产品的成本。当然，这种情况很容易发生联产品与副产品转换的情形。

项目小结

分类法要求同学们掌握它的一些基本理论，如分类法的定义、特点、适用范围、产品成本的计算程序。定额法和分类法是产品成本计算的辅助方法。一般是在企业定额管理制度比较健全、定额管理工作基础比较好、产品生产已定型、各项消耗定额比较稳定时，才适合运用定额法。

技能训练

一、单项选择题

1. 联产品在分离前计算出的总成本称为（　）。

A. 直接成本　　B. 间接成本　　C. 联合成本　　D. 分项成本

2. 分类法的成本计算对象是（　）。

A. 产品品种　　B. 产品类别
C. 产品规格　　D. 产品加工步骤

3. 适合采用分类法计算产品成本的下列企业是（　）。

A. 制鞋厂　　B. 小型水泥厂
C. 造纸厂　　D. 精密仪器生产企业

4. 在计算类内各种产品成本时，分配标准应选择与产品成本高低有着直接联系的项目，通常采用的分配标准是（　）。

A. 定额成本　　B. 约当产量　　C. 标准产量　　D. 固定成本

5. 关于联产品，下列说法中正确的是（　）。

A. 联产品中各种产品的成本应该相等
B. 可以按联产品中的每种产品归集和分配生产费用
C. 联产品的成本应该包括其所应负担的联合成本
D. 联产品的成本应该包括其所应负担的联合成本和分离后的继续加工成本

6. 联产品分离前的联合成本的计算，可采用分类法的原理进行。联合成本在各种联产品之间分配的常用方法是（　）。

A. 实际产量分配法　　B. 约当产量分配法
C. 标准产量分配法　　D. 计划产量分配法

7. 副产品的计价可以根据不同情况分别采用不同方法，常见的方法是（　）。

A. 按上期成本计价　　B. 按固定成本计价
C. 按定额成本计价　　D. 按实际成本计价

8. 副产品成本从联合成本中扣除的方法可以是（　）。

A. 从“直接材料”成本项目中扣除

B. 从“直接人工”成本项目中扣除

C. 从“制造费用”成本项目中扣除

D. 由企业自行决定

9. 由材料质量、工艺过程本身等特点造成的等级品，可按分类法计算类产品的联合成本，在各种等级品之间分配联合成本时可采用的方法是（　）。

A. 约当产量比例法　　B. 实际产量比例法

C. 计划产量比例法　　D. 标准产量比例法

10. 采用分类法按系数分配、计算类内各种产品成本时，对于系数的确定方法是（　）。

A. 选择产量大的产品作为标准产品，将其分配标准数确定为1

B. 选择产量大、生产稳定的产品作为标准产品，将其分配标准数确定为1

C. 选择产量大、生产稳定或规格折中的产品作为标准产品，将其分配标准数确定为1

D. 自行选择一种产品作为标准产品，将其分配标准数确定为1

二、多项选择题

1. 采用分类法计算产品成本时应注意的问题是（　）。

A. 类内产品品种不能过多　　B. 类内产品品种不能太少

C. 分配标准可由企业自由选择　　D. 分配标准应有所选择

E. 类距要适当

2. 分类法的成本计算程序是（　）。

A. 在同类产品中选择一种产量大、生产稳定或规格折中的产品作为标准产品

B. 把标准产品的分配标准系数确定为1

C. 以其他产品的单位分配标准数据与标准产品相比，求出其他产品的系数

D. 用各种产品的实际产量乘上系数，计算出总系数

E. 再按各种产品总系数比例分配计算类内各种产品成本

3. 分类法下对于类内产品成本的计算，一般可以采用（　）。

A. 系数法　　B. 按定额成本计价法

C. 按定额比例法计算　　D. 分批法

E. 约当产量法

4. 如果按单项系数进行类内产品成本分配，当直接材料成本项目按定额成本作为分配标准时，则在计算直接材料成本项目的系数时应考虑的因素是（　）。

A. 标准产品的直接材料定额成本

B. 某种产品的直接材料定额成本

C. 标准产品的其他成本项目定额成本

D. 某种产品的其他成本项目定额成本

E. 标准产品定额成本总数

5. 分类法主要适用于产品品种较多的企业或车间，可以采用分类法计算产品成本的下列企业是（　）。

A. 电子元件厂　B. 针织厂　C. 造船厂　D. 机床厂

E. 砖瓦厂

6. 在分类法下，将每类产品总成本在类内各种产品之间进行分配时所选择的分配标准，通常可以是（　）。

A. 定额消耗量　B. 计划成本　C. 产品售价　D. 定额成本

E. 产品的重量或体积

7. 采用系数法分配、计算类内各种产品成本时，可以按单项系数进行分配。单项系数计算公式的分子和分母可以是（　）。

A. 分子是某种产品直接材料定额成本，分母是标准产品直接材料定额成本

B. 分子是某种产品定额工时，分母是标准产品定额工时

C. 分子是某种产品定额制造费用，分母是标准产品定额制造费用

D. 分子是标准产品直接材料成本，分母是某种产品直接材料成本

E. 分子是标准产品定额制造费用，分母是某种产品定额制造费用

8. 按定额比例法进行类内产品成本分配时的具体做法是（　）。

A. 材料费用可采用定额工时比例分配

B. 加工费用可采用材料定额工时比例分配

C. 材料费用可采用材料定额耗用量比例分配

D. 加工费用可采用定额工时比例分配

E. 各项费用均按材料定额消耗量比例分配

9. 联产品的生产特点是（　）。

A. 经过同一个生产过程进行生产

B. 利用同一种原材料加工生产

C. 都是企业的主要产品

D. 有的是主要产品，有的是非主要产品

E. 生产成本相同

10. 联产品分离前的联合成本，在各种联产品之间进行分配的方法包括（　）。

A. 计划产量分配法　B. 约当产量分配法

C. 实物计量分配法　　　　　　　　　　D. 销售价值分配法

E. 标准产量分配法

11. 副产品是指企业在生产主要产品的过程中附带生产出来的一些非主要产品，副产品的计价方法是（ ）。

A. 副产品不计价

B. 按销售价格扣除销售税金、销售费用后的余额计算

C. 副产品按固定价格计价

D. 按计划单位成本计价

E. 按实际成本计价

12. 可按分类法成本计算原理计算产品成本的等级品是（ ）。

A. 由于材料质量原因造成的等级品

B. 由于工艺过程本身原因造成的等级品

C. 由于自然原因造成的等级品

D. 由于生产管理不当造成的等级品

E. 由于操作失误造成的等级品

三、判断题

1. 采用分类法计算产品成本，不论选择什么作为分配标准，其产品成本的计算结果都有不同程度的假定性。（ ）

2. 分类法是为了简化成本核算工作而采用的方法，因此，只要能简化成本核算，产品可以随意进行分类。（ ）

3. 采用分类法计算产品成本，对类内产品成本的分配，各成本项目可采用相同的分配标准，也可采用不同的分配标准。（ ）

4. 分类法适用于产品品种、规格较多，并可按一定标准进行分类的企业的成本计算，它是成本计算的一种基本方法。（ ）

5. 联产品是企业在生产过程中，利用同一种原材料，经过同一个生产过程，同时生产出的几种产品，这些产品有的是主要产品，有的则是非主要产品。（ ）

6. 联产品的成本应该包括其所应负担的联合成本和分离后的继续加工成本。（ ）

7. 销售价值分配法是完工产品和在产品之间生产费用分配的一种方法。（ ）

8. 副产品的计价方法与联产品相同。（ ）

9. 在实际工作中，副产品可以不负担分离前的成本，其成本可由主要产品负担，这种方法一般适用于副产品分离后不再加工，而且其价值较低的情况。（ ）

10. 等级品可与联产品和副产品一样采用分类法计算产品成本。（ ）

四、计算题

1. ABC 企业采用分类法进行产品成本计算，甲类产品包括 X、Y、Z 三个品种，其中，X 产品为标准产品。类内产品成本分配的方法：直接材料以材料费用定额系数为标准，其他费用项目以定额工时系数为标准。甲类完工产品成本以及产量和定额等资料如表 6－5、表 6－6 所示。

表 6－5　　　　甲类产品成本资料　　　　单位：元

项目	直接材料	直接工资	制造费用	合计
月初在产品成本（定额成本）	8900	3200	5200	17300
本月发生费用	90850	45300	49700	185850
完工产品成本	85200	35550	47400	168150
月末在产品成本（定额成本）	14550	12950	7500	35000

表 6－6　　　　产量及定额资料

名称	产量（件）	单位产品材料费用定额（元）	单位产品工时定额（小时）
X	100	150	12
Y	200	120	15
Z	150	172.5	11.4

要求：在表 6－7 和表 6－8 中填制甲类产品系数计算表和甲类产品成本计算单。

（1）填制甲类产品系数计算表

表 6－7　　　　甲类产品系数计算表

名称	直接材料		工时	
	单位产品定额（元）	系数	单位产品定额（小时）	系数
X				
Y				
Z				

（2）填制甲类产品成本计算单

表 6－8　　　　甲类产品成本计算单

项目	产量（件）	直接材料系数	直接材料总系数	工时系数	工时总系数	直接材料（元）	直接人工（元）	制造费用（元）	成本合计（元）
分配率									
X									
Y									
Z									
合计									

2. 某企业采用分类法计算产品成本，其生产的 M 系列产品为一大类，包括 M－10 和 M－20 两种产品，类内产品成本分配采用定额比例法。该类产品的月末在产品按照定额成本计价法进行计算。月末在产品产量为 190 件，在产品直接材料消耗定额为 65 千克，材料单价为 5 元；在产品的加工工时消耗定额为 30 小时，每小时工资费用计划分配率为 6；每小时制造费用计划分配率为 4.5。当月其他各有关资料如下：

表 6－9　　某企业某月相关资料

产品名称	完工产品产量（件）	直接材料费用定额（元）	工时定额（小时）
M－10	500	35	4
M－20	800	25	5

要求：在产品成本明细账中完成 M 系列产品的成本计算，并编制结转完工产品成本的会计分录（见表 6－10）。

表 6－10　　M 系列产品成本明细账　　单位：元

项目	直接材料	直接人工	制造费用	合计
月初在产品成本	73500	20400	26200	120100
本月生产费用	250750	46800	23450	321000
生产费用合计				
月末在产品成本				
完工产品成本				
类内产品成本分配标准				
类内产品成本分配率				
M－10 产品总成本				
M－10 产品单位成本				
M－20 产品总成本				
M－20 产品单位成本				

3. 练习主、副产品的成本计算。

某工业企业在生产主产品——甲产品的过程中，还生产出副产品——乙产品的材料，对该种材料进一步加工后，制造成乙产品。甲产品的生产和乙产品的加工在同一车间进行，甲产品和乙产品都是大量大批单步骤生产。本年度 7 月甲、乙产品成本计算的有关资料如下：

甲产品的月初在产品定额成本为 50000 元，其中，直接材料 26000 元，直接人工 10000 元，制造费用 14000 元。本月发生生产费用：生产甲产品领用材料 175000 元，该车间生产工人工资费用 54000 元，该车间制造费用 62000 元。

本月甲、乙产品耗用的生产工时分别为 9000 小时和 1000 小时；本月甲、乙完工产品的产量分别为5000件和4000件。

本月生产甲产品过程中生产出乙产品的材料1500千克，每千克计划单价2元，全部被乙产品耗用。

甲产品的月末在产品定额成本为47000元，其中，直接材料25000元，直接人工10500元，制造费用11500元。

要求：

（1）按生产工时比例分配、计算甲、乙产品应负担的直接人工和制造费用。

（2）登记甲、乙产品成本明细账并计算甲、乙完工产品的总成本和单位成本。甲产品定额比较准确、稳定，而且各月末在产品数量变化不大，在产品按定额成本计价；乙产品月末在产品数量很少，不计算在产品成本。

4. 系数法练习。

某工业企业本年度6月耗用相同原材料同时生产出甲、乙、丙三种产品，归为一类（A类）计算成本，类内各完工产品和在产品之间的费用均按标准产品产量系数进行分配，原材料在生产开始时一次投入。相关资料如表6－11至表6－13所示：

表6－11　　**月初在产品成本和本月生产费用**　　单位：元

项目	直接材料	直接人工	制造费用	合计
月初在产品成本	23000	2318	3064	28382
本月生产费用	100000	52000	52900	204900

表6－12　　**标准产品系数**

产品名称	系数
甲	0.9
乙	1
丙	1.1

表6－13　　**完工产品和在产品数量**

产品名称	完工产量（只）	在产品	
		数量（只）	完工率
甲	2000	1000	70%
乙	3000	1500	40%
丙	1600	800	50%

要求：

（1）编制类别产品成本计算单，计算类别完工产品成本和月末在产品成本。

（2）编制类内产品成本计算表，计算甲、乙、丙完工产品成本。

项目七 成本报表的编制与分析

职业能力目标

- 理解成本报表的作用、种类和特点
- 掌握各种产品成本报表和各种费用报表的编制方法
- 理解成本分析的一般方法和程序
- 掌握全部商品产品成本计划完成情况分析、可比产品成本降低计划完成情况分析、主要产品单位成本分析、各种费用报表的分析，以及成本效益分析的方法
- 理解技术经济指标变动对成本影响的分析方法
- 了解期中成本预报的步骤和方法

关键概念

成本报表 成本报表分析

结构导图

成本报表的编制与分析
- 成本报表
- 成本报表的编制
- 成本报表的分析

项目导入

投资者小张有意购买股票作为投资。小张想进一步了解甲、乙两家公司的财务状况、经营成果和现金流量。除此之外，他还想了解两家公司的成本费用的构成情况，以便更全面地评价两家公司的管理水平、成本控制情况，可是他却发现，这两家公司的成本报表在任何公开媒介上都找不到，他打电话到两家公司索取成本报表，都被公

司以商业秘密为由拒绝。小张对此感到十分困惑，为什么其他的财务报表都很容易获取，而成本报表却无法获得？你认为两家公司的拒绝合理吗？

任务一　成本报表

任务导入

成本报表与我们学过的资产负债表、利润表、现金流量表是有区别的。成本报表应该反映什么内容？这是本任务要学习的内容。

任务知识

一、成本报表的概念和特点

1. 成本报表的概念

成本报表是会计报表体系的重要组成部分，是企业内部报表中的主要报表，是根据成本管理的需要，依据企业日常核算资料和其他有关资料定期或不定期编制的，用以反映和控制企业一定时期产品成本水平和成本构成情况，以及有关各项费用支出情况的一种报告文件。编制与分析成本报表，是成本会计工作的重要内容。

2. 成本报表的特点

（1）编制的目的主要是满足企业内部经营管理者的需要，其内容更具有针对性。

（2）成本报表的种类、内容和格式由企业自行决定，更具有灵活性。

（3）成本报表作为对内报表，更注重时效。

二、成本报表的作用

（1）综合反映企业报告期内产品生产耗费和成本水平。

（2）客观反映各成本中心的成本管理业绩，评价和考核企业成本计划的完成情况。

（3）为制定和及时修订成本计划、确定产品价格提供重要依据，为企业进行成本、利润的预测、决策提供信息。

（4）作为成本分析的重要依据，有利于企业日常成本控制工作的有效进行，同时为生产经营管理提供必要的信息。

三、成本报表的种类

1. 按报表反映的内容分类

（1）反映成本计划执行情况的报表，如商品产品生产成本表、主要产品单位成本表等。

（2）反映费用支出情况的报表，如制造费用明细表、财务费用明细表、管理费用明细表、销售费用明细表等。

（3）反映生产经营情况的报表，如生产情况表、材料耗用表、材料差异分析表、质量成本表等。

2. 按报表编制的时间分类

（1）定期报表

产品生产成本表、主要产品单位成本表、制造费用明细表、管理费用明细表、营业费用明细表、财务费用明细表等，都属于定期成本报表。

（2）不定期报表

这类报表是针对成本管理中出现的某些问题或急需解决的问题而随时按要求编制的。有关成本费用表等就属于不定期成本报表。

3. 按报表编制的范围分类

一般情况下，全厂（企业）成本报表有产品生产成本表、主要产品单位成本表、制造费用明细表、管理费用明细表、营业费用明细表、财务费用明细表等。而制造费用明细表、生产情况表、质量成本表等报表，可以是全厂（企业）成本报表，也可以是车间、班组、个人（责任）成本报表。

任务二　成本报表的编制

任务导入

了解了成本报表的内容后，本任务将学习成本报表的编制。

任务知识

一、成本报表的编制依据

成本报表要以真实、完整、及时的有关资料来编制，具体应当包括报告期的成本账簿资料、本期成本计划及费用预算等资料、以前年度的会计报表资料、企业有关的统计资料和其他资料等。

二、成本报表的编制要求

为了提高成本信息的质量，充分发挥成本报表的作用，成本报表的编制应符合下列基本要求：

（1）真实性。也就是数字真实，即成本报表的指标数字必须真实可靠，能如实地集中反映企业实际发生的成本费用。

（2）正确性。也就是计算准确，即成本报表的指标数字要计算正确。各种成本报表、主表与附表、各项目之间，凡是有勾稽关系的数字，应相互一致；本期报表与上期报表之间有关的数字应相互衔接。

（3）重要性。也就是主次分明，即对于重要的项目（如重要的成本、费用项目），在成本报表中应单独列示，以显示其重要性；对于次要的项目，可以合并反映。

（4）完整性。也就是内容完整，即应编制的各种成本报表必须齐全；应填列的指标和文字说明必须全面；表内项目和表外补充资料不论是根据账簿资料直接填列还是分析计算填列，都应当准确无误，不得随意取舍。

（5）及时性。也就是编报及时，即按规定日期报送成本报表，保证成本报表的及时性，以便各方面利用和分析成本报表，充分发挥成本报表的应有作用。

总之，企业只有精心设计好成本报表的种类和格式、指标内容和填制方法，合理规定好成本报表的编制时间和报送范围，及时提供内部管理必需的、真实的、准确的、完整的且具有实用性和针对性的成本信息，才能充分发挥成本报表的作用。

三、产品生产成本表的编制

1. 按成本项目反映的产品生产成本表的编制

（1）上年实际应根据上年 12 月本表的实际数填列。

（2）本年计划数应根据成本计划有关资料填列。

（3）本年实际数应根据本月实际数，加上上月本年累计实际数计算填列。

（4）按成本项目反映的本月各种生产费用数，各种产品成本明细账所记本月生产费用合计数，分别成本项目汇总填列。

（5）期初、期末在产品、自制半成品的余额，根据各种成本明细账的期初、期末在产品成本和各种自制半成品明细账的期初、期末余额，分别汇总填列。

（6）产品生产成本合计数，根据表中的生产费用合计数，加上在产品、自制半成品期初余额，减去在产品、自制半成品期末余额计算填列。

2. 按产品品种反映的产品生产成本表的编制

（1）产量栏分为“本年（本月）计划数”“本月实际数”和“本年累计实际数”，分别反映本年（本月）计划产量，本月和本年1月1日起至报表编制月月末止各种主要商品的实际产量。本栏应根据成本计算单或产品成本明细账的记录计算填列。

（2）单位成本栏中的四项内容分别按上年度成本报表资料、本期成本计划资料、本期实际成本资料和本年累计成本资料分别计算填列。

（3）本月总成本栏包括三项内容。其中，本月实际总成本按本月产品成本计算单的有关数据填列；其他两项内容分别根据上年实际平均单位成本和本年计划单位成本乘以本月实际产量所得的积数填列。

（4）本年累计总成本栏也包括三项内容。按自年初至本月末止的本年累计产量分别乘以上年实际平均单位成本、本年计划单位成本和本年累计实际平均单位成本的积数填列。

3. 按成本项目反映的产品生产成本表补充资料的编制方法

（1）补充资料部分只填列本年累计实际数。

（2）可比产品成本降低率，指可比产品本年累计实际总成本比按上年实际平均单位成本计算的累计总成本降低的比率，超支用负数表示。

（3）按现行价格计算的商品产值，根据有关统计资料填列。

（4）产值成本率指产品生产成本与商品产值的比率，通常以每百元商品产值总成本表示。

4. 主要产品单位成本表的概念和作用

主要产品单位成本表是反映企业在报告期内生产的各种主要产品单位成本构成及其变动情况的成本报表。

利用主要产品单位成本表，企业可以分析和考核主要产品成本计划的执行情况、单位成本的变动情况，以及各种主要产品的主要技术经济指标的执行情况，进而查明主要产品单位成本升降的具体原因。

主要产品单位成本表见表7-1。

5. 主要产品单位成本报表的填列方法

（1）各成本项目的历史先进水平数字，根据成本历史资料填列。

（2）各成本项目的上年实际平均单位成本数字，根据上年度的成本资料填列。

（3）各成本项目的本年计划单位成本数字，根据本年计划资料填列。

（4）各成本项目的本期实际单位成本数字，根据本期实际成本资料填列。

（5）各成本项目的本年累计实际平均单位成本数字，根据本年1月至本期为止该种产品的各项目总成本除以累计产量填列。

表7－1　　主要产品单位成本表（1）

产品名称：A产品　　20××年12月　　产品销售单价：6000元

产品规格：DX－5　　本月实际产量：250

计量单位：台　　本月累计实际产量：3200

成本项目	历史先进水平	上年实际平均	本年计划	本月实际	本年累计实际平均
直接材料（元）	4500	4300	4400	4500	4450
直接人工（元）	2000	1850	2100	2150	2100
制造费用（元）	1500	1600	1500	1400	1450
生产成本合计（元）	8000	7750	8000	8050	8000
主要技术经济指标	用量	用量	用量	用量	用量
1. 主要材料	略	略	略	略	略
2. 略					

6. 制造费用明细表的概念和作用

制造费用明细表是反映企业在一定时期内为组织和管理生产活动所发生的各项费用总额和各明细项目数额的报表。

利用制造费用明细表，可以考核企业制造费用的构成和变动情况，考核制造费用计划的执行情况，以便有针对性地采取措施，降低费用，从而降低产品的制造成本。

制造费用明细表见表7－2。

表7－2　　制造费用明细表（1）

20××年12月　　金额单位：元

项目	上年实际	本年计划	本年实际
人工费	24000	22000	24500
折旧费	9000	8000	9000
办公费	5000	4500	4500
水电费	6000	5600	5800
机物料消耗	3000	2800	3000
低值易耗品摊销	1000	1000	1000
劳动保护费	800	800	800
保险费	1200	1100	1100

续 表

项目	上年实际	本年计划	本年实际
停工损失			
其他			

制造费用明细表的填列方法：

“上年实际”项目可根据上年制造费用明细表数据填列。

“本年计划”项目根据本年费用计划数据填列。

“本月实际数”项目根据制造费用明细账本月相关数据填列。

“本年累计数”项目根据制造费用明细账本年累计相关数据填列。

四、成本报表的编制案例

【例7－1】某通用机械制造厂2005年生产甲、乙、丙三种产品，其中，甲产品和乙产品为可比产品，丙产品为不可比产品；可比产品成本全年计划降低率为8%；甲产品销售单价为600元，乙产品销售单价为500元。

（1）该厂各种产品单位成本以及制造费用过去的和本年计划的有关资料分别见表7－3、表7－4。

表7－3　　各种产品单位成本有关资料　　单位：元

成本项目	历史先进水平		上年实际平均		本年计划		
	甲产品	乙产品	甲产品	乙产品	甲产品	乙产品	丙产品
直接材料	310	250	320	280	330	260	340
直接人工	55	50	60	60	65	70	80
制造费用	65	40	70	50	65	50	60
产品生产成本	430	340	450	390	460	380	480

表7－4　　6月制造费用有关资料　　单位：元

费用项目	本月计划	上年同期实际
工资	890	858
办公费	1200	1120
折旧费	4300	3900
修理费	1300	1240

续　表

费用项目	本月计划	上年同期实际
运输费	1600	1560
租赁费	400	450
保险费	800	730
水电费	500	440
劳动保护费	400	360
机物料消耗	200	180
其他	150	126
合计	11740	10964

（2）该厂 1—5 月各种产品累计的产量、总成本、平均单位成本以及累计的制造费用资料分别见表 7－5、表 7－6。

表 7－5　　1—5 月各种产品累计的产量、总成本、平均单位成本资料　　单位：元

成本项目	甲产品累计产量 150 台		乙产品累计产量 120 台		丙产品累计产量 50 台	
	累计总成本	平均单位成本	累计总成本	平均单位成本	累计总成本	平均单位成本
直接材料	48150	321	31680	264	15500	310
直接人工	8250	55	7440	62	6000	120
制造费用	7800	52	5280	44	3500	70
产品生产成本	64200	428	44400	370	25000	500

表 7－6　　1—5 月制造费用累计实际资料　　单位：元

费用项目	金额
工资	4988
办公费	6240
折旧费	22060
修理费	6460
运输费	8000
租赁费	3500
保险费	4420

续 表

费用项目	金额
水电费	2510
劳动保护费	2350
机物料消耗	1140
其他	660
合计	62328

（3）该厂6月各种产品产量、总成本、单位成本以及制造费用的资料分别见表7－7、表7－8。

表7－7　　6月产品产量、总成本、单位成本　　单位：元

成本项目	甲产品实际产量30台		乙产品实际产量25台		丙产品实际产量10台	
	总成本	单位成本	总成本	单位成本	总成本	单位成本
直接材料	9240	308	6350	254	3150	315
直接人工	1680	56	1425	57	1250	125
制造费用	1740	58	1125	45	750	75
产品生产成本	12660	422	8900	356	5150	515

表7－8　　6月制造费用资料　　单位：元

费用项目	金额
工资	960
办公费	1210
折旧费	4320
修理费	1350
运输费	1520
租赁费	630
保险费	810
水电费	490
劳动保护费	440
机物料消耗	220
其他	160
合计	12110

【要求】根据以上资料编制产品生产成本表（见表7－9）、主要产品单位成本表（见表7－10、表7－11）、制造费用明细表（见表7－12）。

【解析】

表 7－9　　产品生产成本表

编制单位：　　2005 年 6 月　　金额单位：元

产品名称	计量单位	实际产量		单位成本				本月总成本			本年累计总成本		
		本月	本年累计	上年实际平均	本年计划	本月实际	本年累计实际平均	按上年实际平均单位成本计算	按本年计划单位成本计算	本月实际	按上年实际平均单位成本计算	按本年计划单位成本计算	本年实际成本
一、主要产品													
其中：甲	台	30	180	450	460	422	427	13500	13800	12660	81000	82800	76860
乙	台	25	145	390	380	356	367.6	9750	9500	8900	56550	55100	53300
小计								23250	23300	21560	137550	137900	130160
二、非主要产品													
其中：丙产品	台	10	60		480	515	502.5		4800	5150		28800	30150
小计													
合计								23250	28100	26710	137550	166700	160310

表 7－10　　主要产品单位成本表（2）

2005 年 6 月

产品名称：甲产品　　本月实际产量：30

规格：　　本年累计实际产量：180

计量单位：台　　金额单位：元

成本项目	历史先进水平	上年实际平均	本年计划	本月实际	本年累计实际平均
直接材料	310	320	330	321	318.8
直接人工	55	60	65	55	55.2
制造费用	65	70	65	52	53
产品生产成本	430	450	460	428	427

表 7－11 **主要产品单位成本表（3）**

2005 年 6 月

产品名称：乙产品　　本月实际产量：25

规格：　　本年累计实际产量：145

计量单位：台　　金额单位：元

成本项目	历史先进水平	上年实际平均	本年计划	本月实际	本年累计实际平均
直接材料	250	280	260	254	262.4
直接人工	50	60	70	57	61
制造费用	40	50	50	45	44.2
产品生产成本	340	390	380	356	367.6

表 7－12 **制造费用明细表（2）**

编制单位：　　2005 年 6 月　　单位：元

费用项目	行次	本月计划	上年同期实际	本月实际	本年累计实际
工资	1	780	750	840	5200
职工福利费	2	110	108	120	748
办公费	3	1200	1120	1210	7450
折旧费	4	4300	3900	4320	26380
修理费	5	1300	1240	1350	9810
运输费	6	1600	1560	1520	9520
租赁费	7	400	450	630	4130
保险费	8	800	730	810	5230
水电费	9	500	440	490	3000
劳动保护费	10	400	360	440	2790
机物料消耗	11	200	180	220	1360
其他	12	150	126	160	820
合计		11740	10964	12110	74438

任务三　成本报表的分析

任务导入

如何分析成本报表？透过成本报表管理层又能获得什么信息？通过本任务的学习，希望你能有所收获。

任务知识

一、成本分析的概念

成本分析是指根据成本核算资料和成本计划资料及其他有关资料，运用一系列专门方法，对成本水平及其构成情况进行分析和评价，揭示企业费用预算和成本计划的完成情况，认识和掌握降低成本费用的规律，查明影响成本升降的各因素及变动的原因，挖掘降低成本的潜力，提高企业成本效益的一种管理活动。

二、成本分析的方法

在进行成本分析时可供选择的技术方法（也称数量分析方法）很多，企业应根据分析的目的、分析对象的特点、掌握的资料等情况确定应采用哪种方法进行成本分析。在实际工作中，通常采用的技术分析方法有对比分析法、因素分析法（连环替代法）和相关分析法三种。

1. 对比分析法

对比分析法是将实际成本指标与不同时期的指标进行对比，来揭示差异，分析差异产生的原因的一种方法。在对比分析中，可采取实际指标与计划指标对比、本期实际与上期（或上年同期，历史最好水平）实际指标对比、本期实际指标与国内外同类型企业的先进指标对比等形式。通过对比分析，可一般地了解企业成本的升降情况及其发展趋势，从而查明原因，找出差距，提出进一步改进的措施。在采用对比分析时，应注意本期实际指标与对比指标的可比性，从而使比较的结果更能说明问题，揭示的差异更符合实际；若不可比，则可能使分析的结果不准确，甚至可能得出与实际情况完全不同的相反结论。在采用对比分析法时，可采取绝对数对比、增减差额对比或相对数对比等多种形式。

2. 因素分析法

因素分析法也叫连环替代法，是将某一综合性指标分解为各个相互关联的因素，进而测定这些因素对综合性指标差异额的影响程度的一种分析方法。在成本分析中采用因素分析法，就是将构成成本的各种因素进行分解，测定各个因素变动对成本计划完成情况的影响程度，并据此对企业的成本计划执行情况进行评价，并提出进一步的改进措施。采用因素分析法的程序如下：

（1）将要分析的某项经济指标分解为若干个因素的乘积。在分解时应注意经济指标的组成因素要能够反映形成该项指标差异的内在构成因素，否则，计算的结果就不准确。例如，材料费用指标可分解为产品产量、单位消耗量与单价的乘积。但它不能分解为生产该产品的天数，每天用料量与产品产量的乘积。因为这种构成方式不能全面反映产品材料费用的构成情况。

（2）计算经济指标的实际数与基期数（如计划数、上期数等），从而形成了两个指标体系。这两个指标的差额，即实际指标减基期指标的差额，就是要分析的对象。各因素变动对所要分析的经济指标完成情况影响合计数，应与该分析对象相等。

（3）确定各因素的替代顺序。在确定经济指标因素的组成时，其先后顺序就是分析时的替代顺序。在确定替代顺序时，应从各个因素相互依存的关系出发，使分析的结果有助于分清经济责任。替代的顺序一般是先替代数量指标，后替代质量指标；先替代实物量指标，后替代货币量指标；先替代主要指标，后替代次要指标。

（4）计算替代指标。其方法是以基期数为基础，用实际指标体系中的各个因素逐步顺序地替换。每次用实际数替换基数指标中的一个因素，就可以计算出一个指标。每次替换后，实际数保留下来，有几个因素就替换几次，就可以得出几个指标。在替换时要注意替换顺序，应采取连环的方式，不能间断，否则，计算出来的各因素的影响程度之和，就不能与经济指标实际数与基期数的差异额（即分析对象）相等。

（5）计算各因素变动对经济指标的影响程度。其方法是将每次替代所得到的结果与这一因素替代前的结果进行比较，其差额就是这一因素变动对经济指标的影响程度。

（6）各因素变动对经济指标影响程度的数额之和，应与该项经济指标实际数与基期数的差额（即分析对象）相等。

上述因素分析法的计算过程可用以下公式表示：

设某项经济指标 N 是由 A、B、C 三个因素组成的。在分析时，若是用实际指标与计划指标进行对比，则计划指标与实际指标的计算公式如下：

$$\text{计划指标 } N_0 = A_0 \times B_0 \times C_0$$

$$\text{实际指标 } N_1 = A_1 \times B_1 \times C_1$$

分析对象为 $N_1 - N_0$ 的差额。

采用因素分析法测定各因素变动对指标 N 的影响程度时，各项计划指标、实际指标及替代指标的计算公式如下：

$$\text{计划指标 } N_0 = A_0 \times B_0 \times C_0 \quad (1)$$

$$\text{第一次替代 } N_2 = A_1 \times B_0 \times C_0 \quad (2)$$

$$\text{第二次替代 } N_3 = A_1 \times B_1 \times C_0 \quad (3)$$

$$\text{实际指标 } N_1 = A_1 \times B_1 \times C_1 \quad (4)$$

各因素变动对指标 N 的影响数额按下式计算：

由于 A 因素变动的影响 =（2）-（1）$= N_2 - N_0$

由于 B 因素变动的影响 =（3）-（2）$= N_3 - N_2$

由于 C 因素变动的影响 =（4）-（3）$=N_1-N_3$

将上述三个项目相加，即各因素变动对指标 N 的影响程度，它与分析对象应相等。

【例 7-2】 某企业生产甲产品，本月产量及其他有关材料费用的资料如表 7-13 所示。

表 7-13　　某企业甲产品产量及其他有关资料

项目	计划数	实际数
产品产量（件）	250	200
单位产品材料消耗量（千克）	48	50
材料单价（元）	9	10
材料费用（元）	108000	100000

分析对象 = 1000000 - 108000 = -8000（元）

根据因素分析法的替代原则，材料费用三个因素的替代顺序为产量、单耗、单价。各因素变动对甲产品材料费用实际比计划降低 8000 元的测定结果如下：

计划材料费用 = 250 × 48 × 9 = 108000（元）　　(1)

第一次替代 = 200 × 48 × 9 = 86400（元）　　(2)

第二次替代 = 200 × 50 × 9 = 90000（元）　　(3)

实际材料费用 = 200 × 50 × 10 = 100000（元）　　(4)

各因素变动对材料费用降低 8000 元的影响程度如下：

由于产量变动对材料费用的影响 =（2）-（1）= 86400 - 108000 = -21600（元）

由于材料单耗变动对材料费的影响 =（3）-（2）= 90000 - 86400 = 3600（元）

由于材料单价变动对材料费用的影响 =（4）-（3）= 100000 - 90000 = 10000（元）

三个因素变动对材料费用的影响程度 = -21600 + 3600 + 10000 = -8000（元）

上述分析计算时，还可以采用另一种简化的形式，即差额计算法。差额计算法是利用各个因素的实际数与基期数的差额，直接计算各个因素变动对经济指标的影响程度的。以上述经济指标 N 为例，采用差额计算法时的计算公式如下：

由于 A 因素变动对指标的影响 = $(A_1-A_0)\times B_0\times C_0$

由于 B 因素变动对指标的影响 = $A_1\times(B_1-B_0)\times C_0$

由于 C 因素变动对指标的影响 = $A_1\times B_1\times(C_1-C_0)$

【例 7-3】 以【例 7-2】中材料费用的分析资料为基础，采用差额计算法的结果如下：

由于产量增加对材料费用的影响 =（200 - 250）× 48 × 9 = -21600（元）

由于材料单耗变动对材料费用的影响 = 200 ×（50 - 48）× 9 = 3600（元）

由于材料单价变动对材料费用的影响 = 200 × 50 ×（10 - 9）= 10000（元）

各因素变动对材料费用的影响 = -21600 + 3600 + 10000 = -8000（元）

两种方法的计算结果相同，但采用差额计算法显然要比采用第一种方法简单多了。

3. 相关分析法

相关分析法是指在分析某个指标时，将与该指标相关但又不同的指标加以对比，分析其相互关系的一种方法。企业的经济指标之间存在着相互联系的依存关系，在这些指标体系中，一个指标发生了变化，受其影响的相关指标也会发生变化。例如，将利润指标与产品销售成本相比较，计算出成本利润率指标，可以分析企业成本收益水平的高低。再如，产品产量的变化，会使成本随之发生相应的变化。企业可以利用相关分析法找出相关指标之间规律性的联系，从而为企业成本管理服务。

三、成本报表的分析案例

【例 7－4】某企业生产可比产品甲、乙，有关资料如表 7－14 所示。

表 7－14　　某企业有关资料　　金额单位：元

可比产品	计量单位	产量		单位成本		
		计划	实际	上年实际	本年计划	本年实际
甲	件	100	400	100	95	94
乙	件	200	200	50	45	44
合计						

【要求】(1) 计算该企业成本计划降低额和计划降低率。

(2) 计算该企业成本实际降低额和实际降低率。

(3) 评价该企业成本计划完成情况。

【解析】

采用连环替代法分析：

(1) 计划（相关资料见表 7－15）

计划降低额＝20000－18500＝1500（元）

计划降低率＝1500÷20000×100%＝7.5%

表 7－15　　计划资料

可比产品	计划产量（件）	单位成本（元）		总成本（元）		降低任务	
		上年	计划	按上年单位成本	按本年计划成本	降低额（元）	降低率
甲	100	100	95	10000	9500	500	5%
乙	200	50	45	10000	9000	1000	10%
合计				20000	18500	1500	7.5%

（2）实际（相关资料见表7－16）

实际降低额＝50000－46400＝3600（元）

实际降低率＝3600÷50000×100%＝7.2%

表7－16　　　　　　　　　　　实际资料

可比产品	实际产量（件）	单位成本（元）		总成本（元）		降低任务	
		上年	实际	按上年单位成本	按本年计划成本	降低额（元）	降低率
甲	400	100	94	40000	37600	2400	6%
乙	200	50	44	10000	8800	1200	12%
合计				50000	46400	3600	7.2%

（3）评价

可比产品成本降低额完成了计划，比计划多降低了2100元，但成本降低率没有完成计划，比计划低了0.3%。

具体原因分析如下：

（1）产量变动的影响

（400×100＋200×50）×7.5%－1500＝2250（元）

（2）产品品种结构的影响

①对降低额的影响：

（400×100＋200×50）－（400×95＋200×45）－（400×100＋200×50）×7.5%＝－750（元）

②对降低率的影响：

－750÷（400×100＋200×50）×100%＝－1.5%

（3）单位成本的影响

①对降低额的影响：

（400×100＋200×50）－（400×94＋200×44）－［（400×100＋200×50）－（400×95＋200×45）］＝600（元）

②对降低率的影响：

600÷（400×100＋200×50）×100%＝1.2%

【例7－5】某公司2005年3月生产甲、乙、丙三种产品。有关资料如下：

（1）3月产品计划产量：甲产品10件、乙产品10件、丙产品4件。实际产量：甲产品8件、乙产品15件、丙产品4件。经查，产量变动是生产部门根据市场需求变化进行的调整。

（2）本月甲、乙产品所耗原材料因价格上涨，新的产品单位成本升高1200元。针对这一情况，车间会同技术部门研究并采取了节约措施，收到了显著效果。

（3）3月产品生产成本表（按产品种类反映）如表7－17所示。

表7－17　　产品生产成本表（按产品种类反映）

产品名称		计量单位	实际产量	单位成本（元）			总成本（元）		
				上年实际平均	本年计划	本期实际	按上年实际平均单位成本计算	按本年计划单位成本计算	本期实际成本
可比产品	甲	件	8	2000	2050	2030	16000	16400	16240
	乙	件	15	4000	3900	3800	60000	58500	57000
小计							76000	74900	73240
不可比产品	丙	件	4		5700	5300		22800	21200
全部产品合计								97700	94440

补充资料：

（1）可比产品成本实际降低额1660元（计划降低额为1500元）。

（2）可比产品成本降低率2.2163%（计划降低率为2.5%）。

（3）产值成本率计划数为80元/万元，本月商品产值实际数为119540元

【要求】根据分析结果，结合题中所给资料，对企业成本工作进行总括评价。

【解析】可比产品实际降低额2760（76000－73240）元比计划降低额1500元多降低了1260元。

其中：

产量变动对成本降低额的影响＝（8×2000＋15×4000－2000×10＋10×4000）×2.5%＝400（元）

产品结构变动对降低额的影响＝（76000－74900）－76000×2.5%＝1100－1900＝－800（元）

单位成本变动对降低额的影响＝74900－73240＝1660（元）

从以上分析可以看出，该企业成本超额完成计划，成本降低额比计划多降低1260元。在三个因素中，主要是产品单位成本和产品产量较好地完成计划，说明企业成本管理工作取得了一定的成绩。虽然产品结构变动使成本增加800元，没有完成成本降低计划，但这是根据市场需求变化而进行的必要调整，不是生产单位的责任。不可比产品本期的实际单位成本也比计划降低400元，这都说明企业的成本管理工作成效显著。

延伸阅读

成本报表整体分析方法包括水平分析法、垂直分析法和趋势分析法。

水平分析法是指将反映企业报告期成本的信息（特别指成本报表信息资料）与反映企业前期或历史某一时期成本状况的信息进行全面、综合对比，研究企业经营业绩或成本状况的发展变动情况的一种成本分析方法。

垂直分析法是指通过计算成本报表中各项目占总体的比例或结构，反映报表中的项目与总体的关系及其变动情况的一种成本分析方法。

趋势分析法是指根据企业连续几年或几个时期的分析资料，运用指数或完成率的计算，确定分析期各有关项目的变动情况和趋势的一种成本分析方法。

项目小结

本项目介绍了成本报表的作用、种类和编制方法，以及成本报表的分析法。本项目的重点是主产品单位成本和各种费用明细表的编制方法，难点是成本报表的分析。

产品成本报表可从不同角度进行编制：一是按照产品种类编制；二是按成本项目编制；三是按成本性态编制。

技能训练

一、单项选择题

1. 下列不属于成本报表的是（　）。

A. 商品产品成本表　　B. 主要产品单位成本表

C. 现金流量表　　D. 制造费用明细表

2. 成本报表属于（　）。

A. 对外报表　　B. 对内报表

C. 既是对内报表，又是对外报表　　D. 对内还是对外由企业决定

3. 下列不属于成本分析基本方法的是（　）。

A. 对比分析法　　B. 产量分析法

C. 因素分析法　　D. 比率分析法

4. 根据实际指标与不同时期的指标对比来揭示差异，分析差异产生原因的分析方法，称为（　）。

A. 因素分析法　　B. 差量分析法

C. 对比分析法　　D. 相关分析法

5. 在进行全部商品产品成本分析，计算成本降低率时，是用成本降低额除以（　）。

A. 按计划产量计算的计划总成本　　B. 按计划产量计算的实际总成本

C. 按实际产量计算的计划总成本　　D. 按实际产量计算的实际总成本

6. 对可比产品成本降低率不产生影响的因素是（　）。

A. 产品品种结构　　B. 产品产量

C. 产品单位成本　　D. 产品总成本

7. 一定时期销售一定数量产品的产品销售成本与产品销售收入的比例是（　）。

A. 成本费用利润率　　B. 销售利润率

C. 销售成本率　　D. 产值成本率

8. 采用连环替代法，可以揭示（　）。

A. 产生差异的因素和各因素的影响程度　　B. 产生差异的因素

C. 产生差异的因素和各因素的变动原因　　D. 实际数与计划数之间的差异

二、多项选择题

1. 商品产品成本表可以反映可比产品与不可比产品的（　）。

A. 实际产量　　B. 单位成本

C. 本月总成本　　D. 本年累计总成本

2. 工业企业编制的成本报表有（　）。

A. 商品产品成本表　　B. 主要产品单位成本表

C. 制造费用明细表　　D. 成本计算单

3. 工业企业编报的成本报表必须做到（　）。

A. 数字准确　　B. 内容完整　　C. 字迹清楚　　D. 编报及时

4. 下列指标中属于相关比率的有（　）。

A. 产值成本率　　B. 成本降低率

C. 成本利润率　　D. 销售收入成本率

5. 生产多品种的情况下，影响可比产品成本降低额的因素有（　）。

A. 产品产量　　B. 产品单位成本

C. 产品价格　　D. 产品品种结构

6. 影响可比产品降低率变动的因素可能有（　）。

A. 产品产量　　B. 产品单位成本

C. 产品价格　　D. 产品品种结构

7. 成本报表分析常用的方法有（　）。

A. 对比分析法　　B. 比例分析法

C. 因素分析法　　D. 趋势分析法

8. 在采用因素分析法进行成本分析时，确定各因素替代顺序时，下列说法正确的是（　）。

A. 先替代数量指标，后替代质量指标

B. 先替代质量指标，后替代数量指标

C. 先替代实物量指标，后替代价值量指标

D. 先替代主要指标，后替代次要指标

9. 在进行可比产品成本降低任务完成情况分析时，对于产品单位成本的变动，下列说法正确的有（　）。

A. 产品单位成本的变动影响成本降低额

B. 产品单位成本的变动影响成本降低率

C. 产品单位成本的变动不影响成本降低额

D. 产品单位成本的变动不影响成本降低率

10. 在计算可比产品成本计划降低额时，需要计算的指标有（　）。

A. 实际产量按上年实际单位成本计算的总成本

B. 实际产量按本年实际单位成本计算的总成本

C. 计划产量按上年实际单位成本计算的总成本

D. 计划产量按本年计划单位成本计算的总成本

三、判断题

1. 商品产品成本表是反映企业在报告期内生产的全部商品产品的总成本的报表。（　）

2. 企业编制的成本报表一般不对外公布，因此，成本报表的种类、项目和编制方法可由企业自行确定。（　）

3. 企业编制的所有成本报表中，“商品产品成本表”是最主要的报表。（　）

4. 在分析某个指标时，将与该指标相关但又不同的指标加以对比，分析其相互关系的方法，称为对比分析法。（　）

5. 采用因素分析法进行成本分析时，各因素变动对经济指标影响程度的数额之和，应与该项经济指标实际数与基数的差额相等。（　）

6. 在进行全部商品产品成本分析时，需要计算成本降低率，该项指标是用成本降低额除以实际产量的实际总成本计算的。（　）

7. 在进行可比产品成本降低任务完成情况的分析时，产品产量因素的变动，只影

响成本降低额，不影响成本降低率。（ ）

8. 可比产品成本实际降低额，是用实际产量按上年实际单位成本计算的总成本减实际产量按本年实际单位成本计算的总成本计算得到的。（ ）

9. 不可比产品是指上年没有正式生产过，没有上年成本资料的产品。（ ）

10. 本年累计实际产量与本年计划单位成本之积，称为按本年实际产量计算的本年累计总成本。（ ）

四、计算分析题

1. 某企业有关产量、单位成本和总成本的资料如表 7－18 所示。

表 7－18　　某企业有关产量、单位成本和总成本的资料

产品名称		实际产量（件）		单位成本（元）		总成本（元）	
		本月	本年累计	上年实际平均数	本年计划	本月实际	本年累计数
可比产品	A 产品	100	900	800	780	75000	684000
	B 产品	30	500	500	480	13500	235000
	C 产品	80	1100	700	710	55200	748000
不可比产品	D 产品	300	3200		1150	375000	3520000
	E 产品	600	7800		1480	894000	11076000

要求：根据上述资料，编制产品生产成本表（见表 7－19）。

表 7－19　　产品生产成本表

编制单位：××工厂　　200×年×月　　金额单位：元

产品名称	计量单位	实际产量		单位成本				本月总成本			本年累计总成本		
		本月	本年累计	上年实际平均	本年计划	本月实际	本年累计实际平均	按上年实际平均单位成本计算	按本年计划单位成本计算	本期实际	按上年实际平均单位成本计算	按本年计划单位成本计算	本年实际
可比产品合计								151000	149200	143700	1740000	1696000	1667000
其中：A	件	100	900	800	780	750	760	80000	78000	75000	720000	675000	684000

续 表

产品名称	计量单位	实际产量		单位成本				本月总成本			本年累计总成本		
		本月	本年累计	上年实际平均	本年计划	本月实际	本年累计实际平均	按上年实际平均单位成本计算	按本年计划单位成本计算	本期实际	按上年实际平均单位成本计算	按本年计划单位成本计算	本年实际
B	件	30	500	500	480	450	470	15000	14400	13500	250000	240000	235000
C	件	80	1100	700	710	690	680	56000	56800	55200	770000	781000	748000
不可比产品合计									1233000	1269000		15224000	14596000
其中：D	件	300	3200		1150	1250	1100		345000	375000		3680000	3520000
E	件	600	7800		1480	1490	1420		888000	894000		11544000	11076000
全部产品									1382200	1412700		16920000	16263000

2. 某企业本年度各种产品计划成本和实际成本资料如表 7－20 所示。

表 7－20　　**成本对比分析表**　　金额单位：元

项目	本年计划成本	本年实际成本	成本差异额	成本差异率
A 产品	1000000	980000		
B 产品	2500000	2600000		
C 产品	3800000	4000000		
合计				

要求：根据上述资料，采用对比分析法，分析各种产品的成本差额和成本差异率，并将计算结果填入表格。

3. 某企业生产 A 产品，本月产量及其他有关材料费用的资料如表 7－21 所示。

表 7－21　　某企业 A 产品产量及其他有关资料

项目	计划数	实际数
产品产量（件）	200	220
单位产品材料消耗量（千克）	30	28
材料单价（元）	500	480
材料费用（元）		

要求：根据上述资料，采用因素分析法分析各种因素变动对材料费用的影响程度。

4. 某企业本年度生产 5 种产品，有关产品产量及单位成本资料如表 7－22 所示。

表 7－22　　某企业本年度 5 种产品产量及单位成本资料

产品类别		实际产量（件）	计划单位成本（元）	实际单位成本（元）
可比产品	A 产品	200	150	162
	B 产品	300	200	180
	C 产品	800	1200	1150
不可比产品	D 产品	260	380	400
	E 产品	400	760	750

要求：根据上述资料，按产品类别计算企业全部商品产品成本计划的完成情况，并将计算结果填入表 7－23。

表 7－23　　全部商品产品成本计划完成情况分析表

产品名称		总成本		差异	
		按计划计算	按实际计算	降低额（元）	降低率
可比产品	A 产品				
	B 产品				
	C 产品				
	小计				
不可比产品	D 产品				
	E 产品				
	小计				
合计					

5. 某企业本年度生产 A、B、C、D 产品，有关资料如表 7－24 所示。

表 7－24　　产量及单位成本资料

产品名称	产量（件）		单位成本（元）		
	计划	实际	上年实际	本年计划	本年实际
A 产品	2000	2300	1000	980	990
B 产品	1000	900	1500	1600	1480
C 产品	5600	6000	3000	2900	2800
D 产品	7000	6900	5900	5800	5500

要求：根据上述资料对可比产品成本降低任务完成情况进行分析，并将计算结果填入表 7－25 至表 7－27。

表 7－25　　可比产品成本计划降低任务

可比产品	计划产量（件）	单位成本（元）		总成本（元）		降低任务	
		上年	计划	上年	计划	降低额	降低率
A 产品							
B 产品							
C 产品							
D 产品							
合计							

表 7－26　　可比产品成本实际完成情况

可比产品	实际产量（件）	单位成本（元）			总成本（元）			降低任务	
		上年	计划	实际	上年	计划	实际	降低额	降低率
A 产品									
B 产品									
C 产品									
D 产品									
合计									

表 7－27　　可比产品成本降低任务完成情况分析

影响因素				计算方法	
顺序	产量（件）	品种构成	单位成本（元）	降低额（元）	降低率
（1）	计划	计划	计划		
（2）	实际	计划	计划		

续 表

影响因素				计算方法	
顺序	产量（件）	品种构成	单位成本（元）	降低额（元）	降低率
（3）	实际	实际	计划		
（4）	实际	实际	实际		
各因素的影响： 产量因素的影响 品种构成因素的影响 单位成本因素的影响 合计					

6. 某企业生产的甲产品，材料项目的有关资料如表 7－28 所示。

表 7－28　　　　材料项目的有关资料

材料名称	单位耗用量		材料单价（元）		材料成本（元）		差异
	计划	实际	计划	实际	计划	实际	
A 材料	100	95	10	8	1000	760	－240
B 材料	200	210	20	22	4000	4620	620
C 材料	500	490	8	7	4000	3430	－570
合计					9000	8810	－190

要求：根据上述资料计算材料耗用量和材料价格变动对材料费用的影响。

参考文献

[1] 柯于珍．成本核算实务［M］．北京：高等教育出版社，2015.

[2] 张伟．成本会计［M］．保定：河北大学出版社，2009.

[3] 励丹，谢咏梅．小企业成本会计［M］．上海：立信会计出版社，2016.

[4] 杨玉红．成本会计［M］．大连：东北财经大学出版社，2014.

[5] 田光大，谭迎春．成本会计实务［M］．上海：立信会计出版社，2011.

[6] 付建设，周丽丽．成本会计学［M］．上海：立信会计出版社，2008.

[7] 李海波，刘学华．新编成本会计［M］．上海：立信会计出版社，2005.

[8] 陈云．成本会计学［M］．上海：立信会计出版社，2012.

[9] 罗正英．成本会计［M］．北京：高等教育出版社，2007.

[10] 周国安．成本会计实务［M］．沈阳：辽宁大学出版社，2014.

[11] 程坚．成本会计实务学习指导、习题与项目实训［M］．北京：高等教育出版社，2010.

[12] 兰丽丽．成本会计实务［M］．北京：北京出版社，2014.